EASY
SPANISH READING COMPREHENSION ACTIVITIES
SPANISH–SPEAKING COUNTRIES

1

TABLE OF CONTENTS

INSTRUCTIONS FOR USE

Since every student is unique in their interests, this book can be approached in different ways. A student can work through the countries in order as they are presented in the book, or utilize the table of contents to pick and choose the readings and activities they are most interested in. The countries included in this book are:

1. Argentina
2. Bolivia
3. Chile
4. Colombia
5. Costa Rica
6. Cuba
7. Ecuador
8. El Salvador
9. Equatorial Guinea
10. España
11. Guatemala
12. Honduras
13. México
14. Nicaragua
15. Panamá
16. Paraguay
17. Perú
18. Puerto Rico*
19. La República Dominicana
20. Uruguay
21. Venezuela

Each country has two pages of reading and information. The informational pages for each country include:

- World map
- Country map
- Language(s)
- Flag
- Government
- 6-7 paragraphs specific to the country, geography, and culture

Students can use the glossary of useful terms at the bottom of each page to help them complete the comprehension questions and coloring pages to go with each set of readings. There is an answer key at the back of the workbook for students to check their work.

While Puerto Rico is technically a territory of the United States, it holds a rich history and culture all its own and has two pages of readings and activities like the other regions included. The government portion of the reading on Puerto Rico addresses this as well.

ARGENTINA

EL GOBIERNO

El gobierno de Argentina es una democracia, con tres poderes y un presidente. Pero no siempre ha sido una democracia, y el país tuvo una dictadura reciente que terminó en 1983. Hoy en día hay elecciones y división de poderes.

LA MÚSICA

El tango comenzó en Argentina a fines del 1800. El tango es un género de música y también el nombre de un baile. Generalmente, hay una orquesta y una pareja bailando el tango. Sin embargo, hay muchas variaciones. Muchos países también han adoptado el tango en los bailes de salón.

LUGARES INTERESANTES

Este glaciar se llama Perito Moreno. Es una atracción turística y una de las vistas más famosas en el Parque Nacional Los Glaciares. Está situado en el sur de Patagonia y fue nombrado por el explorador Francisco Moreno. Moreno estudió la región en el 1800.

La Boca es uno de los 48 barrios de Buenos Aires. Tiene casas de muchos colores, una cultura con influencia italiana y gente bailando tango en las calles. También, aquí se encuentra el Museo de Bellas Artes Benito Quinquela Martín.

El idioma nacional de Argentina es el español. A causa del tamaño del país, hay muchas variedades regionales del español.

PALABRAS ÚTILES

vistas - views
fue nombrado - was named
barrios - neighborhoods

comenzó - began
sin embargo - however
pareja - couple
bailes de salón - ballroom

COMIDA DELICIOSA

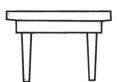

Las empanadas se venden en tiendas y mercados callejeros. Pueden ser horneadas o fritas y tienen carne, queso u otros rellenos. Un tipo popular de empanada, en Argentina, es la empanada de Cuaresma, que está rellena de pescado.

El choripán es similar a un perrito caliente argentino. Consiste en salchicha (chorizo) sobre pan. Se vende en eventos de deportes o en carritos en la calle.

PERSONAS FAMOSAS

Eva Perón fue la Primera Dama de la Argentina de los años 1946-1952. Originaria de un pueblo llamado Los Toldos, Eva Perón se mudó a Buenos Aires para ser actriz. Como Primera Dama, Eva Perón era amada por el público. La nombraron "Jefa Espiritual de la Nación". Murió de cáncer a los 33 años. Eva Perón es la inspiración del musical de Broadway "Evita".

Se dice que Lionel Messi es uno de los mejores futbolistas. Es el capitán del equipo de fútbol nacional de Argentina. Jugó con FC Barcelona, en España. Ganó una medalla olímpica de oro y ha jugado en cinco Copas del Mundo FIFA.

Los gauchos eran hombres que montaban a caballo y criaban ganado. Eran similares a los vaqueros. Los gauchos son un símbolo popular y se los menciona mucho en el folclore y la literatura argentinos. Los gauchos eran considerados valientes y generosos, pero también un poco rebeldes.

LA CAPITAL

Buenos Aires

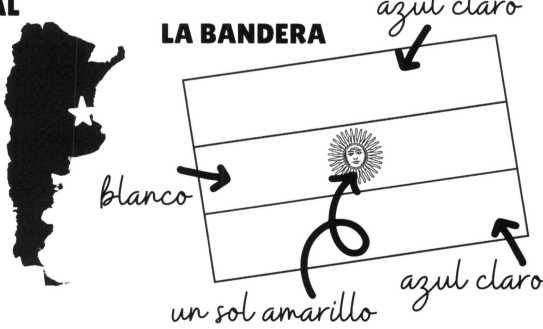

LA BANDERA

azul claro

blanco

un sol amarillo

azul claro

PALABRAS ÚTILES

se vende - is/are sold
horneadas - baked
pescado - fish
perrito caliente - hot dog
salchicha - sausage
carritos - carts

Primera Dama - First Lady
se mudó - moved
amada - loved
jefa - leader
futbolista - soccer player
oro - gold

ha jugado - has played
criaban ganado - raised cattle
vaqueros - cowboys
valientes - brave
rebeldes - rebellious

ARGENTINA

●·●·●·●

Lee las lecturas. Usa la información para completar las actividades.

1. ¿Cómo se llama la capital de Argentina?

2. ¿Cuál es el idioma oficial de Argentina?

3. ¿Qué tipo de gobierno tiene Argentina?

4. ¿De qué color es la bandera de Argentina? Descríbela y colorea la imagen.

5. ¿Por quién fue nombrado el Glaciar Perito Moreno?

6. ¿Dónde está La Boca?

7. ¿Qué es el tango?

8. ¿A quiénes son similares los gauchos?

9. Argentina tiene mucha comida deliciosa. Describe una comida y dibújala en el plato.

10. Muchas personas famosas son de Argentina. Describe uno de sus logros y dibújalo.

LA BANDERA

LA COMIDA

UNA PERSONA FAMOSA

BOLIVIA

EL GOBIERNO

En 1982 Bolivia se convirtió en una república democrática, pero antes de eso hubo muchas dictaduras. El poder judicial está en Sucre, y los poderes ejecutivo y legislativo están en La Paz. Sucre y La Paz son las dos capitales de Bolivia.

LUGARES INTERESANTES

Laguna Colorada (roja) es un lago salado. Obtiene su color de los sedimentos y la pigmentación de algas específicas. El lago es conocido por su población de flamencos de James, que son nativos de grandes alturas. Muchos pensaban que los flamencos estaban extintos hasta que se descubrió una pequeña población en la década de 1950.

Tiwanaku es un sitio arqueológico de una ciudad antigua. Fue construida aproximadamente en el año 110 d. C. y fue abandonada cientos de años antes de la llegada de los españoles. Unos arqueólogos destruyeron gran parte de este lugar sagrado, en el pasado. Pero ahora es un sitio declarado Patrimonio Mundial por la UNESCO y los templos se han conservado para el turismo y la educación.

LAS CHOLITAS

Una cholita es una mujer boliviana que pertenece a algún pueblo indígena. Por lo general, usan un tipo tradicional de falda o vestido con muchos colores brillantes. Bolivia tiene una historia de discriminación contra las cholitas, pero recientemente eligió a su primer presidente indígena, Evo Morales. Él ve a las cholitas como gran parte de la identidad nacional e indígena de Bolivia. Hoy en día, las cholitas son montañistas, luchadoras y mujeres de negocios, ¡vistiendo su ropa tradicional!

PALABRAS ÚTILES

se convirtió - became	pensaban - thought	contra - against
hubo - there were	hasta que - until	eligió - elected
salado - saltwater	se descubrió - was discovered	luchadores - wrestlers
obtiene - gets	falda - skirt	negocios - business
algas - algae	vestido - dress	

COMIDA DELICIOSA

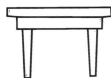

Una salteña es un tipo sabroso de empanada horneada que es popular en Bolivia y se vende en carritos callejeros y en mercados. Cada región del país tiene sus propias variaciones. La masa se hornea con un relleno similar a un guiso de ternera, con carne y una salsa que contiene aceitunas, pasas y patatas.

El silpancho es un plato relleno, que contiene capas de grasas y carbohidratos. Tiene una cama de arroz blanco, papas, carne y una mezcla de tomates, cebollas, remolachas y huevos.

PERSONAS FAMOSAS

Marcelo Claure administró las operaciones comerciales de la Federación Boliviana de Fútbol. En los Estados Unidos, Claure fundó Brightstar, una de las primeras empresas de telefonía inalámbrica. Vendió la empresa a Sprint en 2014 y fue elegido para convertirse en director ejecutivo. Ahora dirige SoftBank y ayudó a lanzar el nuevo equipo de fútbol de la liga mayor de Miami.

Adela Zamudio fue poeta, feminista y educadora. Es conocida como la poeta boliviana más famosa y la fundadora del movimiento feminista de Bolivia. En honor al cumpleaños de Zamudio, el 11 de octubre ha sido nombrado Día de la Mujer de Bolivia.

Bolivia tiene 37 idiomas oficiales. El español es el más hablado; aproximadamente 2/3 de la población habla el español. De las 36 lenguas indígenas que se hablan, la más común es el quechua (aproximadamente 21%).

LAS CAPITALES

LA BANDERA

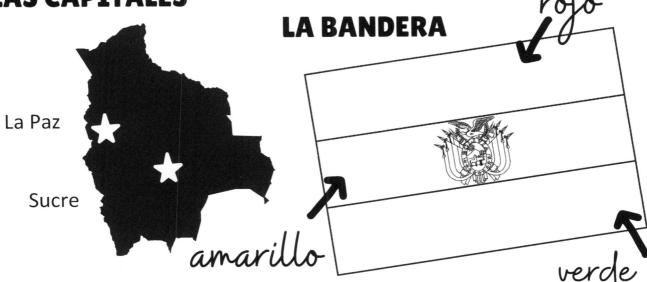

La Paz

Sucre

rojo

amarillo

verde

PALABRAS ÚTILES

sabroso - savory
horneada - baked
carritos callejeros - street carts
propias - own
relleno - filling
guiso de ternera - beef stew

relleno - filling
capas - layers
grasas - fats
mezcla - mixture
remolachas - beets
fundó - founded
empresas - companies

inalámbrica - wireless
elegido - chosen
dirige - runs
liga mayor - major league
fundadora - founder
ha sido nombrado - has been named

BOLIVIA

●─●·●··●

Lee las lecturas. Usa la información para completar las actividades.

1.¿Cómo se llaman las capitales de Bolivia?

2. ¿Cuáles son los idiomas oficiales de Bolivia?

3. ¿Qué tipo de gobierno tiene Bolivia?

4. ¿De qué color es la bandera de Bolivia? Descríbela y colorea la imagen.

5. ¿Qué tipo de animal es común en Laguna Colorada?

6. ¿Qué es Tiwanaku?

7. Bolivia tiene mucha comida deliciosa. Describe una y dibújala en el plato.

8. ¿Qué llevan las cholitas, generalmente?

9. ¿Cuántos idiomas se habla en Bolivia?

10. Hay mucha gente famosa de Bolivia. Describe una persona y sus logros, y dibújalos en la caja.

LA BANDERA

LA COMIDA

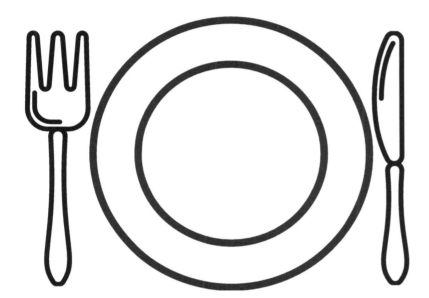

UNA PERSONA FAMOSA

CHILE

EL GOBIERNO

Chile es una república democrática. Tiene tres poderes: ejecutivo, legislativo y judicial. Los poderes ejecutivo y judicial están en la capital, Santiago, y las dos cámaras del congreso están en la ciudad de Valparaíso. Chile tiene un sistema multipartidista.

LUGARES INTERESANTES

La Isla de Pascua se llama Easter Island en inglés. Es un territorio de Chile, famoso por los monumentos llamados moai. Hay casi mil monumentos y fueron construidos por la gente Rapa Nui. Los monumentos fueron construidos entre 1100 y 1680 d. C. La isla es uno de los lugares habitados más remotos del mundo.

El Cabo de Hornos está en el sur de Chile. Los océanos Atlántico y Pacífico se reúnen en este sitio. Antes de que el Canal de Panamá fuera construido, en 1914, muchos barcos debían atravesar el Cabo de Hornos para pasar de un océano a otro. El Cabo de Hornos es conocido como un lugar importante por esos viajes. También es conocido por las condiciones peligrosas de navegación, como vientos fuertes e icebergs.

LA MÚSICA

La cueca es el baile nacional de Chile. El baile tradicionalmente representaba el cortejo entre un hombre y una mujer. A veces el baile se llama el "rooster courtship" porque los movimientos son similares a los rituales de apareamiento de una gallina y un gallo.

El español es el idioma oficial de Chile.

hola

PALABRAS ÚTILES

poderes - powers
cámaras - chambers
multipartidista - multi-party
se reúnen - meet together
fuera - was
alrededor - around

peligrosas - dangerous
llamados - called
casi - almost
construidos - built
d. C. - después de Cristo - A.D.

cortejo - courtship
apareamiento - mating
gallina - hen
gallo - rooster

COMIDA DELICIOSA

La variación chilena de un hot dog es un completo. Un chileno que había viajado a Estados Unidos, en la década de 1920, decidió crear un hot dog diferente y abrió un restaurante en Santiago para venderlo. Un completo generalmente es del doble del tamaño de un hot dog americano y encima tiene aguacate, mayonesa, tomate, condimento y chucrut.

El pastel de choclo es un plato de maíz dulce molido. Su relleno generalmente está hecho de carne molida con especias. Tradicionalmente tiene pasas, aceitunas y huevo duro encima de él.

PERSONAS FAMOSAS

Pablo Neruda fue un diplomático y político chileno, pero es más conocido por su poesía. Escribió escritos políticos y poemas de amor muy famosos. Escribió más de 600 poemas durante su vida y ganó el Premio Nobel de Literatura en 1971.

Anita Lizana fue una tenista famosa de Santiago. Fue número 1 femenino a nivel mundial y la primera latinoamericana en ganar un campeonato de Grand Slam en categoría individuales. Ganó el primer lugar en el US Open en 1937.

Pedro Pascal nació en Santiago en 1975, pero sus padres se opusieron a la dictadura de ese momento. Buscaron asilo político en Dinamarca poco después del nacimiento de Pedro. Finalmente, se mudaron a los Estados Unidos. Pascal es conocido por sus papeles en *The Mandalorian* y varias películas.

LA CAPITAL

Santiago

La estrella de la bandera es blanca.

LA BANDERA

blanco

azul

rojo

PALABRAS ÚTILES

molido - ground
relleno - filling
pasas - raisins
huevo duro - hard boiled egg
había viajado - had travelled
tamaño - size

encima - on top
poesía - poetry
durante - during
nivel mundial - in the world
campeonato - championship
primer lugar - first place

dictadura - dictatorship
asilo - asylum
nacimiento - birth
se mudaron - moved
papeles - roles

CHILE

Lee las lecturas. Usa la información para completar las actividades.

1. ¿Cómo se llama la capital de Chile?

2. ¿Cuál es el idioma oficial de Chile?

3. ¿Qué tipo de gobierno hay en Chile?

4. ¿De qué color es la bandera de Chile? Descríbela y colorea la imagen.

5. ¿Quiénes construyeron los monumentos moai hace miles de años?

6. ¿Qué dos océanos se juntan en el Cabo de Hornos?

7. Chile tiene mucha comida deliciosa. Describe una comida y dibújala en el plato.

8. ¿Quién fue un famoso poeta chileno?

9. ¿Cuál es el baile nacional de Chile?

10. Muchas personas famosas son de Chile. Describe una de ellas, sus logros y dibújalos.

LA BANDERA

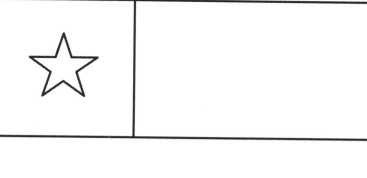

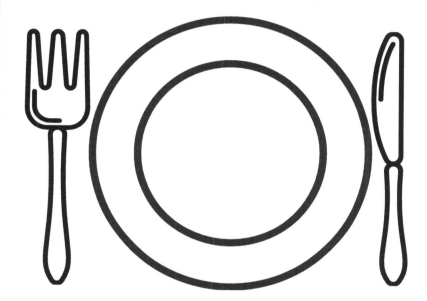

LA COMIDA

UNA PERSONA FAMOSA

COLOMBIA

EL GOBIERNO

En 1991, la Constitución colombiana convirtió al país en una república democrática con un presidente como jefe de estado. El país también tiene un congreso bicameral y una Corte Suprema, similar a la de los Estados Unidos y otras democracias.

LUGARES INTERESANTES

La Catedral de Sal de Zipaquirá está en una mina de sal subterránea que se ha utilizado desde los años 500 a. C. Es una iglesia católica construida 200 metros bajo tierra. Diseñada por el arquitecto mexicano Carlos Mijares, es considerada un importante sitio cultural y religioso.

La Ciudad Perdida fue creada alrededor del año 800 d. C. y es más antigua que Machu Picchu. Hay 169 terrazas excavadas en una montaña. Es necesario subir más de mil escalones por la jungla para llegar. Muchas tribus locales sabían de su existencia muchos años antes de que fuera descubierta. Desde 1976 el área ha sido restaurada y abierta al turismo y al senderismo.

LA MÚSICA

La cumbia es el baile nacional de Colombia. Es una mezcla de culturas africanas, indígenas y europeas. Los principales instrumentos asociados con la cumbia son la caña de millo, un instrumento indígena de viento de madera, un clarinete, una sonaja, a veces maracas, y diferentes tipos de tambores.

El idioma oficial de Colombia es el español. El inglés también es idioma oficial en el archipiélago de San Andrés Providencia y Santa Catalina.

 ## PALABRAS ÚTILES

convirtió - changed
jefe de estado - head of state
subterránea - underground
a. C. - BC (antes de Cristo)
diseñado - designed
alrededor - around
antigua - old

excavadas - carved
subir - climb
ha sido - has been
senderismo - hiking
mezcla - mixture
viento de madera- woodwind
sonaja - rattle
tambores - drums

COMIDA DELICIOSA

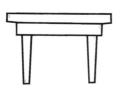

La bandeja paisa es una comida tradicional colombiana con muchos ingredientes. Es una mezcla de muchas culturas en Colombia. Algunos ingredientes son: frijoles rojos con carne de cerdo, arroz blanco, carne molida, chicharrón, huevo frito, plátano, chorizo, arepa, aguacate, limón y más. Bandeja significa "platter" en inglés, que es en lo que se sirve el plato. Paisa es la región original de Colombia de donde es el plato.

Colombia es famosa por su producción de café. La planta llegó a Colombia en el 1700 y la producción comercial comenzó en el 1800. El grano arábica es el tipo más cultivado y tiene un sabor suave. Las condiciones en Colombia, cerca de los Andes, se consideran ideales para el cultivo. La UNESCO declaró Patrimonio de la Humanidad al "paisaje cultural cafetero" de Colombia.

PERSONAS FAMOSAS

Shakira es una artista musical colombiana muy famosa. Es cantante, bailarina y filántropa. Tiene tres premios Grammy, varios singles internacionales número uno y canta en inglés y . Es de Barranquilla y preparó su primer contrato discográfico a los 13 años. Se hizo famosa en los Estados Unidos con su canción *Whenever, Wherever*. Shakira también inició la organización benéfica Barefoot Foundation, que apoya la financiación de escuelas en Colombia.

Gabriel García Márquez fue un escritor colombiano, más conocido por sus novelas *Cien años de soledad* y *El amor en los tiempos del cólera*. Es considerado uno de los autores más notables del siglo XX y ganó el Premio Nobel de Literatura en 1982.

LA CAPITAL
Bogotá

LA BANDERA

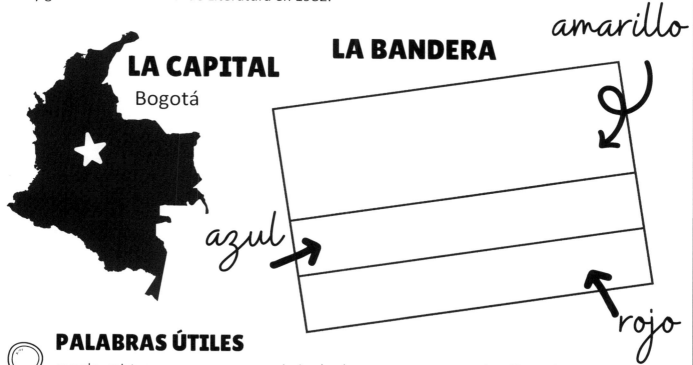

amarillo

azul

rojo

PALABRAS ÚTILES

mezcla - mixture
carne molida - ground beef
aguacate - avocado
llegó - arrived
comenzó - began
sabor - flavor
suave - mild

paisaje - landscape
cafetero - of coffee
ha colaborado - has collaborated
filántropa - philanthropist
se hizo - became

benéfica - charity
apoya - supports
fue - was
conocido - known
siglo XX - 20th century (1900s)

COLOMBIA

• — • • • — •

Lee las lecturas. Usa la información para completar las actividades.

1. ¿Cómo se llama la capital de Colombia?

2. ¿Cuál es el idioma oficial de Colombia?

3. ¿Qué tipo de gobierno hay en Colombia?

4. ¿De qué color es la bandera de Colombia? Descríbela y colorea la imagen.

5. ¿Dónde está la Catedral de Sal?

6. ¿Qué hay en la Ciudad Perdida?

7. Colombia tiene mucha comida deliciosa. Describe una comida y dibújala en el plato.

8. ¿Qué significa "bandeja" en inglés?

9. ¿Cuál es el baile nacional de Colombia?

10. Muchas personas famosas son de Colombia. Describe uno de sus logros y dibújalo.

LA BANDERA

LA COMIDA

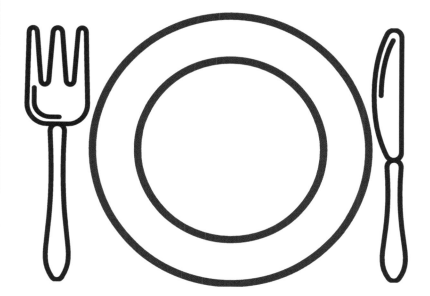

UNA PERSONA FAMOSA

COSTA RICA

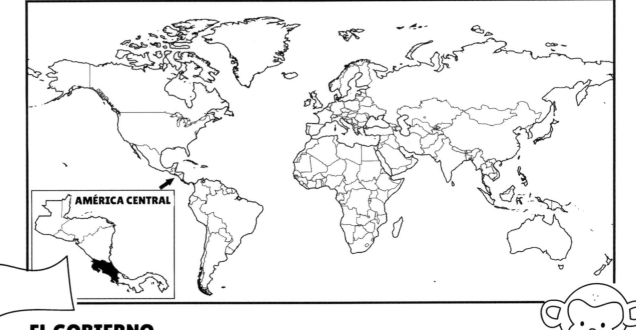

AMÉRICA CENTRAL

EL GOBIERNO

Costa Rica tiene elecciones presidenciales cada cuatro años, como los Estados Unidos. El país es una democracia y tiene 57 miembros del congreso. En 1948 Costa Rica votó para convertirse en uno de los pocos países sin un ejército militar. En vez de poner su dinero en un ejército militar, el país da dinero a la educación y a la salud.

EL CAPUCHINO

El capuchino es uno de las cuatro especies de monos que se encuentran en Costa Rica. También llamados monos cariblancos, los monos capuchinos son muy inteligentes y fáciles de entrenar. Son omnívoros que comen ranas, pájaros, insectos, nueces y frutas.

LUGARES INTERESANTES

El Parque Nacional Manuel Antonio es famoso por sus playas y su variedad de vida silvestre. Se puede ver muchos animales como coloridos pájaros, mariposas, monos aulladores, monos ardilla, monos capuchinos, monos araña y perezosos. Muchas veces los turistas hacen senderismo, nadan, toman el sol y practican surf en el parque nacional.

El Parque Nacional Volcán Poás está formado por múltiples cráteres volcánicos. Algunos volcanes aún están activos. La última gran erupción tuvo lugar en 1954, pero el parque tuvo que cerrar en 2017 debido a la actividad volcánica. Cuando todo esté más tranquilo, ¡puedes caminar hasta el borde del cráter principal!

PALABRAS ÚTILES

ejército - army
en vez de - instead of
aún - still
debido a - due to
vida silvestre - wildlife
monos aulladores - howler monkeys

ardilla - squirrel
araña - spider
perezosos - sloths
senderismo - hiking
especies - species
cariblancos - white-faced
entrenar - train
nueces - nuts

El idioma oficial en Costa Rica es el español. También se habla activamente al menos cinco lenguas indígenas: Maléku, Cabécar, Bribri, Guaymí y Buglere.

COMIDA DELICIOSA

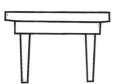

El gallo pinto (arroz y frijoles) es un plato popular en toda América Central y también hay variaciones en Costa Rica. En este país, una de las versiones más famosas del gallo pinto es la de Guanacaste, con frijoles rojos. "Gallo pinto" significa "gallo manchado" (spotted rooster) y hace referencia a la apariencia moteada del arroz y los frijoles mezclados.

El casado es una comida costarricense que consiste en arroz, frijoles negros, plátanos, ensalada, una tortilla y un plato de carne (generalmente cerdo, pollo o ternera). "Casado" significa "hombre casado" y la leyenda dice que el nombre proviene de personas que van a restaurantes y solicitan ser servidos como "casados", ya que el plato es el plato tradicional que un hombre casado puede pedir en casa.

PERSONAS FAMOSAS

Maribel Guardia fue coronada Miss Costa Rica en 1978. Poco tiempo después, se mudó a México y comenzó una carrera como actriz en programas de televisión y también como cantante.

Franklin Chang Díaz es un astronauta de la NASA. Voló en siete misiones de transbordadores espaciales entre 1986 y 2002. Es de ascendencia costarricense y china, ya que su abuelo fue un inmigrante chino en Costa Rica. Ahora es el presidente de Ad Astra Rocket Company.

LA BANDERA

LA CAPITAL
San José

PALABRAS ÚTILES

apariencia moteada - speckled appearance
mezclados - mixed
hombre casado - married man
leyenda - legend
ya que - since

coronada - crowned
se mudó - moved
comenzó - began
carrera - career
voló - flew

COSTA RICA

• — • — • — •

Lee las lecturas. Usa la información para completar las actividades.

1. ¿Cómo se llama la capital de Costa Rica?

2. ¿Cuál es el idioma oficial de Costa Rica?

3. ¿Qué tipo de gobierno hay en Costa Rica?

4. ¿De qué color es la bandera de Costa Rica? Descríbela y colorea la imagen.

5. ¿Cuándo fue la última gran erupción volcánica en el Parque Nacional Volcán Poás?

6. ¿Qué tres cosas que se pueden ver en el Parque Nacional Manuel Antonio?

7. Costa Rica tiene mucha comida deliciosa. Describe una comida y dibújala en el plato.

8. ¿Cuántos tipos de monos hay en Costa Rica?

9. ¿Qué significa "gallo pinto" en inglés?

10. Muchas personas famosas son de Costa Rica. Describe uno de sus logros y dibújalo.

LA BANDERA

LA COMIDA

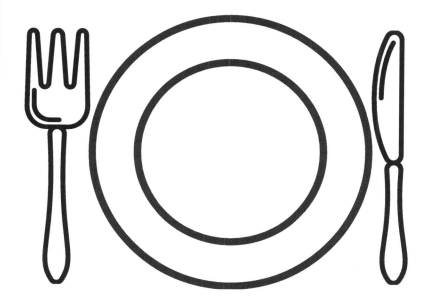

UNA PERSONA FAMOSA

CUBA

EL GOBIERNO

Cuba es uno de los últimos países socialistas del mundo. El país tiene un sistema de un partido único, con todos los miembros del gobierno en el Partido Comunista.

LA MÚSICA

La rumba es el baile nacional de Cuba. Comenzó con los africanos esclavizados en Cuba. No se convirtió en el baile nacional hasta 1959. Incluye elementos de baile, percusión y canto. La palabra rumba significa "fiesta".

LUGARES INTERESANTES

El Valle de Viñales es un valle distintivo entre las montañas de la Sierra de los Órganos. En particular, hay muchos acantilados de piedra caliza únicos que se llaman mogotes. La zona es popular entre los excursionistas y escaladores.

La Habana Vieja es un barrio histórico de la capital de Cuba. Es conocida por sus edificios brillantes y coloridos. También tiene calles estrechas, plazas populares, museos e iglesias históricos.

PALABRAS ÚTILES

últimos - last
partido - political party
único - only
acantilados - cliffs
piedra caliza - limestone
únicos - unique
escaladores - rock climbers

barrio - neighborhood
conocida - known
edificios - buildings
estrechas - narrow
comenzó - it began
se convirtió - became

El idioma oficial de Cuba es el español.

¿qué tal?

COMIDA DELICIOSA

La ropa vieja es uno de los platos nacionales de Cuba. Significa "old clothes" porque es fácil de mezclar con las sobras. Es un guiso de ternera desmenuzado con vegetales, se sirve tradicionalmente sobre arroz.

A veces se sirve la carne frita con cebollas salteadas. Se prepara a base de carne de res. Muchas veces se sirve con arroz blanco y platanitos fritos.

Arroz con frijoles negros es un plato muy común en Cuba. Es un acompañamiento para el almuerzo o la cena. El plato es simple de preparar, pero puede tomar mucho tiempo porque se usan frijoles secos. Los frijoles son suaves y cremosos.

PERSONAS FAMOSAS

Celia Cruz fue una de las artistas latinas más populares del siglo XX. Fue conocida como la "Reina de la Salsa" y grabó 37 álbumes en su vida. Cruz ganó dos premios Grammy y también se destacó por sus extravagantes y exagerados disfraces y actuaciones.

Andy García nació en Cuba y se mudó a los Estados Unidos a los 5 años. Ha sido actor, director, y productor de películas. Fue nominado a un Oscar por su rol en The Godfather 2 y también es conocido por la trilogía Ocean's Eleven.

LA BANDERA

LA CAPITAL

La Habana

azul

blanco

azul

blanco

azul

rojo

La estrella de la bandera es blanca.

PALABRAS ÚTILES

mezclar - mix
sobras - leftovers
ternera desmenuzada - shredded beef
cebollas salteadas - sautéed onions
carne de res - shredded beef

platanitos fritos - fried plantains
acompañamiento - side dish
frijoles secos- dried beans
suaves - smooth
cremosos - creamy
grabó - recorded
se destacó - stood out

disfraces - costumes
actuaciones - performances
nació - was born
se mudó - moved
ha sido - has been
conocido - known

CUBA

Lee las lecturas. Usa la información para completar las actividades.

1. ¿Cómo se llama la capital de Cuba?

2. ¿Cuál es el idioma oficial de Cuba?

3. ¿Qué tipo de gobierno hay en Cuba?

4. ¿De qué color es la bandera de Cuba? Descríbela y colorea la imagen.

5. ¿Por qué es especial el Valle de Viñales?

6. ¿Por qué es conocida La Habana Vieja?

7. Cuba tiene mucha comida deliciosa. Describe una comida y dibújala en el plato.

8. ¿Cuál es el plato nacional de Cuba?

9. ¿Cuál es el baile nacional de Cuba?

10. Muchas personas famosas son de Cuba. Describe uno de sus logros y dibújalo.

LA BANDERA

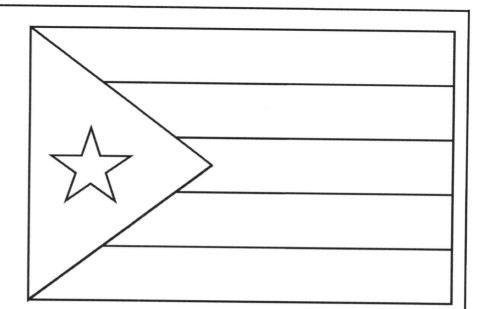

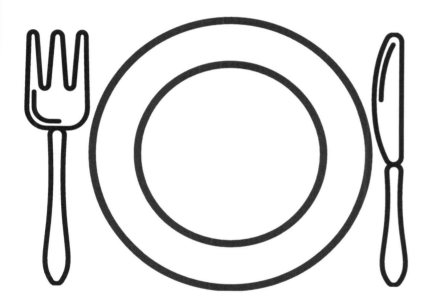

LA COMIDA

UNA PERSONA FAMOSA

ECUADOR

EL GOBIERNO

Ecuador es una república democrática. Tiene tres poderes de gobierno: el ejecutivo, el judicial y el legislativo. El presidente es el jefe de estado y el jefe de gobierno.

LUGARES INTERESANTES

En Quito, la capital de Ecuador, hay un monumento y un museo llamado la Mitad del Mundo. Es el lugar exacto del ecuador. ¡En este lugar puedes estar en los hemisferios norte y sur al mismo tiempo!

Las Islas Galápagos son un archipiélago de islas volcánicas en el Océano Pacífico. Muchos animales diferentes viven en las islas. Las islas tienen una gran cantidad de animales que solo están en las islas y en ningún otro lugar del mundo.

Cotopaxi es un volcán activo en Ecuador. Es el segundo volcán más alto de Ecuador y uno de los volcanes activos más altos del mundo.

PALABRAS ÚTILES

mitad - middle
ecuador - equator
ningún - not one, none
segundo - second
más alto - tallest
roeder- rodent

pesado - heavy
selva tropical - rainforest
bajo - under
tercero - third
casi - almost
oscuridad - darkness
duerme - it sleeps

LOS ANIMALES

El capibara es el roedor más grande y pesado del mundo. ¡Es mucho más grande que una rata! Los capibaras viven en la selva tropical. Comen flores, frutas y verduras frescas. Son herbívoros. Los capibaras pueden nadar y pueden estar bajo el agua hasta por 5 minutos.

El jaguar es el felino más grande de América y el tercero más grande del mundo. Vive en partes de Ecuador y otros países. El jaguar es casi exclusivamente nocturno y puede ver bien en la oscuridad. Duerme durante el día.

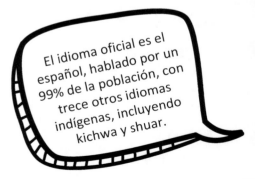

El idioma oficial es el español, hablado por un 99% de la población, con trece otros idiomas indígenas, incluyendo kichwa y shuar.

COMIDA DELICIOSA

El cuy asado es un plato común en la Cordillera de los Andes. Comer cuy asado ha sido una tradición desde la civilización inca. El cuy es originario de la región y se usaba como principal fuente de carne.

La fanesca es una sopa espesa. Consiste en muchos granos, muchos frijoles, bacalao y una variedad de verduras. Se come tradicionalmente durante las celebraciones de Semana Santa.

PERSONAS FAMOSAS

Antonio Valencia es un futbolista ecuatoriano. Cuando tenía 11 años, fue descubierto jugando fútbol en la calle. Ha jugado en dos Copas Mundiales de la FIFA y tres Copas América. También jugó en el Manchester United por diez años.

Manuela Sáenz fue una mujer ecuatoriana que luchó por la independencia en América del Sur. Participó en protestas por los derechos de las mujeres y distribuyó información para que América del Sur pudiera declarar su independencia de España. Es considerada un símbolo feminista del siglo XIX.

LA CAPITAL

Quito

LA BANDERA

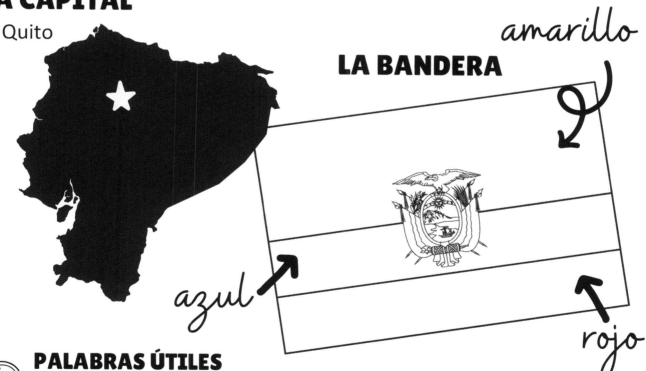

amarillo

azul

rojo

PALABRAS ÚTILES

espeso - thick
granos - grains
bacalao - codfish
Semana Santa - Holy Week
Cordillera de los Andes-
Andes Mountains
ha sido - has been

fuente - source
futbolista - soccer player
fue descubierto -
 he was discovered
ha jugado - has played
luchó - fought
derechos - rights

pudiera - could
siglo XIX - 19th century (1800s)

ECUADOR

●━●━●━●━●

Lee las lecturas. Usa la información para completar las actividades.

1. ¿Cómo se llama la capital de Ecuador?

2. ¿Qué idiomas se hablan en Ecuador?

3. ¿Qué tipo de gobierno hay en Ecuador?

4. ¿De qué color es la bandera de Ecuador? Descríbela y colorea la imagen.

5. ¿Cómo se llama el lugar con un monumento famoso donde puedes estar en los dos hemisferios del mundo a la vez?

6. ¿Por qué son distintos los animales en las Islas Galápagos?

7. ¿Qué es el Cotopaxi?

8. ¿Puedes describir un animal de Ecuador?

9. Ecuador tiene mucha comida deliciosa. Describe una comida y dibújala en el plato.

10. Muchas personas famosas son de Ecuador. Describe uno de sus logros y dibújalo.

LA BANDERA

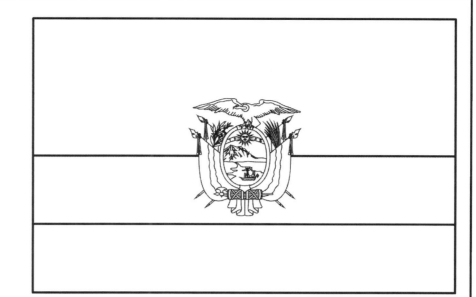

LA COMIDA

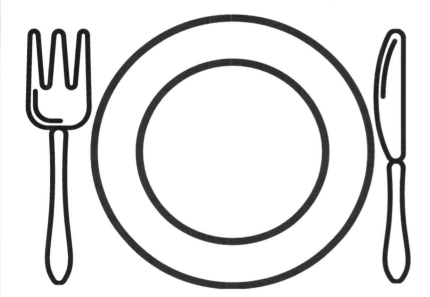

UNA PERSONA FAMOSA

EL SALVADOR

AMÉRICA CENTRAL

EL GOBIERNO

El Salvador es una república democrática. El gobierno tiene tres poderes, tiene un presidente que se elige cada cinco años y legisladores que sirven términos de tres años. La Corte Suprema tiene 15 jueces.

LUGARES INTERESANTES

El volcán Santa Ana es el volcán más alto del país, con una altura de 7.812 pies. Hizo erupción recientemente en 2005. El volcán es parte del Parque Nacional Cerro Verde y los visitantes pueden caminar hasta la cima.

Joya de Cerén es un sitio arqueológico de una antigua aldea agrícola maya. A veces se le llama la Pompeya de las Américas debido a sus orígenes similares: la ciudad fue destruida y enterrada por la erupción enorme del volcán Loma Caldera en el año 600, conservando, bajo las cenizas, una idea de la vida diaria de aquellos años. No se encontraron restos humanos cuando el sitio fue redescubierto en 1976. Los investigadores piensan que la gente se fue antes de la peligrosa erupción.

LA MÚSICA

La música chanchona es del este de El Salvador. Este estilo alegre de música incluye letras que describen las dificultades de trabajar en las zonas rurales de El Salvador. "Chanchona" significa "cerdo grande", lo que se refiere al contrabajo, el instrumento principal. En la chanchona también se tocan guitarras, violines y, a veces, instrumentos de percusión.

PALABRAS ÚTILES

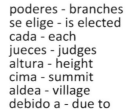

poderes - branches
se elige - is elected
cada - each
jueces - judges
altura - height
cima - summit
aldea - village
debido a - due to

enterrada - buried
cenizas - ashes
se fue- left
peligrosa - dangerous
letras - lyrics
contrabajo - double bass

El español es el idioma oficial de El Salvador.

COMIDA DELICIOSA

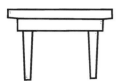

Las pupusas son el plato nacional de El Salvador. Son pasteles gruesos, hechos de harina de maíz o de arroz, a la plancha. Los indígenas las hicieron por miles de años. Unos investigadores encontraron utensilios de cocina para pupusas en ruinas arqueológicas (incluida la Joya de Cerén). A menudo se rellenan con ingredientes como queso y frijoles y se sirven con salsa.

La yuca con chicharrón está hecha con un ingrediente popular en El Salvador, la yuca. La yuca es una raíz que crece bajo la tierra. Contiene almidón, de modo similar a la papa. Este platillo consiste en freír la yuca y servirla con repollo crudo y piel de cerdo frito.

PERSONAS FAMOSAS

Salarrué fue un pintor, poeta y escritor salvadoreño que se especializó en representaciones de la vida rural y el folclore latinoamericano. Su colección de historias más famosa es *Cuentos de Barro*, que contiene comentarios indirectos sobre el líder de El Salvador. Más tarde en su vida, Salarrué ocuparía cargos diplomáticos en los Estados Unidos, representando a El Salvador.

Francesca Miranda es una diseñadora de moda salvadoreña. Su ropa se vende en todo el mundo. Comenzó diseñando ropa para hombres, pero también se diversificó con ropa para mujeres en el 2000. Tiene tres boutiques, una en El Salvador, y ha ganado premios en la Miami Fashion Week.

LA CAPITAL

LA BANDERA

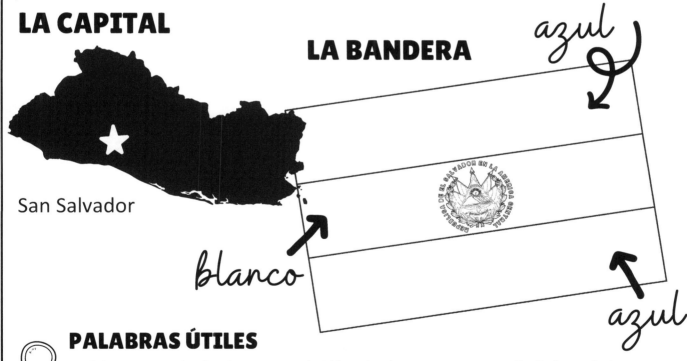

San Salvador

azul

blanco

azul

PALABRAS ÚTILES

pasteles gruesos a la plancha - thick griddle cakes
a menudo - often
se rellenan - are filled
hecha - made
raíz - root

almidón - starch
freír - frying
repollo crudo - raw cabbage
piel - skin
ocuparía - would hold
cargos - positions

diseñadora - designer
se diversificó - branched out

EL SALVADOR

Lee las lecturas. Usa la información para completar las actividades.

1. ¿Cómo se llama la capital de El Salvador?

2. ¿Cuál es el idioma oficial de El Salvador?

3. ¿Qué tipo de gobierno tiene El Salvador?

4. ¿De qué color es la bandera de El Salvador? Descríbela y colorea la imagen.

5. ¿Cómo se llama el volcán más alto de El Salvador?

6. ¿Cómo se llama la Joya de Cerén a veces?

7. El Salvador tiene mucha comida deliciosa. Describe una comida y dibújala en el plato.

8. ¿Por cuántos años se han hecho pupusas?

9. ¿Cuál es el instrumento principal en la música chanchona?

10. Muchas personas famosas son de El Salvador. Describe uno de sus logros y dibújalo.

LA BANDERA

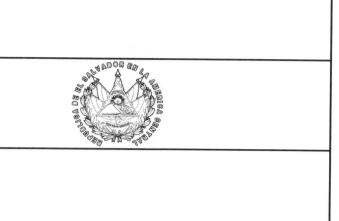

LA COMIDA

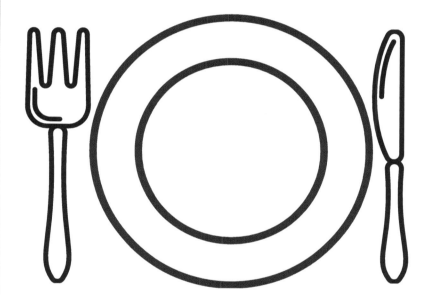

UNA PERSONA FAMOSA

ESPAÑA

LUGARES INTERESANTES

La Cueva de Altamira es un grupo de cuevas donde se descubrió parte del arte prehistórico más antiguo, en 1868. Declarado Patrimonio de la Humanidad por la UNESCO, los científicos piensan que las pinturas en las cuevas son de hace 36.000 años.

La Alhambra es una fortaleza histórica y un palacio. Originalmente construido por líderes moriscos (musulmanes) sobre una antigua estructura romana, se remonta al año 889 d. C., pero se destacó cuando se reconstruyó en los años 1300. Finalmente, el palacio fue tomado por el rey Fernando y la reina Isabel y fue el lugar donde Cristóbal Colón se reunió con ellos con respecto a su viaje. Hoy, puedes recorrer los tres palacios principales, así como los jardines.

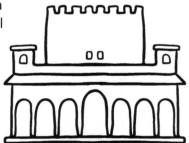

EL GOBIERNO

España es una monarquía constitucional. Esto significa que el jefe de estado es un monarca de la misma línea familiar, que nombra al primer ministro. Desde 1978, la costumbre ha sido que el monarca elija a alguien del partido mayoritario en el congreso. El congreso y el senado componen la legislatura y son elegidos por votación popular.

 ## PALABRAS ÚTILES

jefe de estado - head of state
costumbre - custom
ha sido - has been
elija - choose
descubrió - discovered
pinturas - paintings
hace...años - ... years ago

musulmanes - Muslims
se remonta - date back
se destacó - came to prominence
se reunió - met up

El idioma oficial de España es el español. Pero en España también se habla otros idiomas.

38

COMIDA DELICIOSA

La paella se considera el plato nacional de España. Se prepara con una base de arroz y una variedad de verduras mixtas, carnes y mariscos. El nombre de la paella proviene de la amplia sartén en la que se cocina. La paella es originaria de Valencia.

Originario del sur de España durante la época romana, el gazpacho es una sopa fría a base de tomate que se mezcla con otras verduras y especias. Hay muchas variedades en las diferentes regiones de España, y es una de las comidas favoritas durante los veranos calurosos que experimenta esta zona.

 El jamón es uno de los alimentos más famosos asociados con España. Las patas de cerdo cuelgan en los mercados callejeros y se pueden comprar enteras o deshuesadas. Una variante, el jamón ibérico, se considera un manjar internacional. Requiere carne de un tipo específico de cerdo, que se alimenta con una dieta especial de bellotas y castañas silvestres.

PERSONAS FAMOSAS

Aunque Pablo Picasso pasó la mayor parte de su vida adulta en Francia, era de España y su arte refleja el lugar de su nacimiento. Conocido por su estilo cubista, es uno de los pintores y escultores más influyentes del siglo XX. Una de sus obras más famosas, Guernica, describe la brutalidad de la Guerra Civil española.

Rosalía es una cantante y compositora española de Cataluña. Mezcla el pop moderno con sus raíces en la música flamenca. Obtuvo dos nominaciones al Grammy en 2020, ganó por Mejor Álbum de Rock Latino, Urbano o Alternativo y también actuó en la entrega de premios y es la primera artista femenina española en obtener ese honor. Rosalía también ha colaborado con artistas como J Balvin, Travis Scott y Pharrell Williams.

LA BANDERA

LA CAPITAL

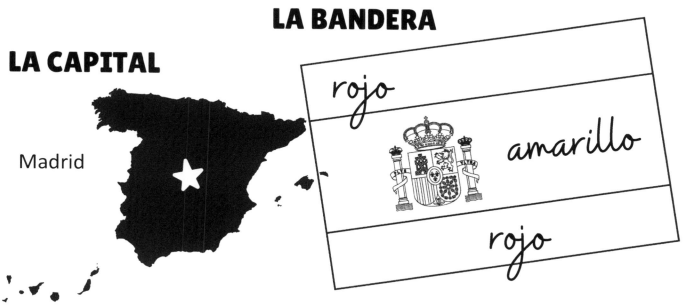

Madrid

rojo

amarillo

rojo

PALABRAS ÚTILES

mariscos - seafood
proviene de - comes from
sartén - frying pan
época - age
mezcla - mixture
calurosos - warm

cuelgan - hang
callejeros - street
hueso - bone
manjar - delicacy
bellotas - acorns
castañas silvestres - wild chestnuts

aunque - although
refleja - reflects
nacimiento - birth
mezcla - she mixes
raíces - roots
obtuvo - she got
entrega de premios - award show

ESPAÑA

● ━ ● ━ ● ━ ● ━ ●

Lee las lecturas. Usa la información para completar las actividades.

1. ¿Cómo se llama la capital de España?

2. ¿Cuál es el idioma oficial de España?

3. ¿Qué tipo de gobierno hay en España?

4 ¿De qué color es la bandera de España? Descríbela y colorea la imagen.

5. ¿Cuál es el sitio, Patrimonio Mundial de la UNESCO, con arte prehistórico de hace aproximadamente 36.000 años?

6. ¿Quién construyó la Alhambra originalmente?

7. España tiene mucha comida deliciosa. Describe una comida y dibújala en el plato.

8. ¿Cuál es considerado el plato nacional de España?

9. ¿Cómo se llama la sopa fría con una base de tomates?

10. Muchas personas famosas son de España. Describe uno de sus logros y dibújalo.

LA BANDERA

LA COMIDA

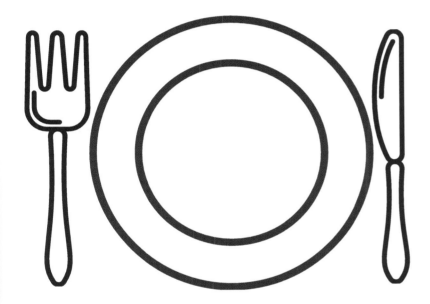

UNA PERSONA FAMOSA

GUATEMALA

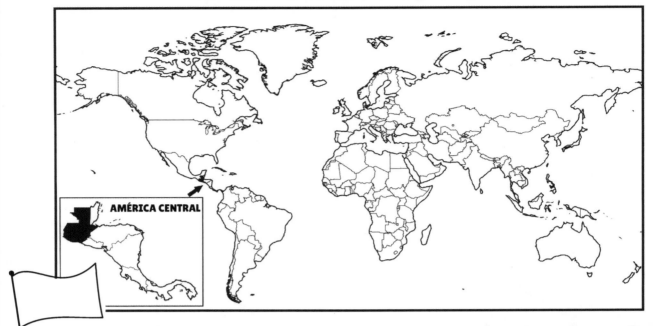

AMÉRICA CENTRAL

EL GOBIERNO

Guatemala es una república democrática. El gobierno tiene tres poderes: ejecutivo, legislativo y judicial. El presidente solo puede ser presidente por cuatro años, no más.

LUGARES INTERESANTES

El lago Atitlán está en un cráter volcánico. Está rodeado de colinas verdes. Es conocido por sus pueblos mayas. Los científicos no pueden explicar por qué los niveles de agua a veces son muy altos y luego muy bajos. El agua es generalmente cálida y se puede nadar durante todo el año.

Tikal es una antigua ciudad sagrada de los mayas. "Tikal" significa "la ciudad de las lenguas". Está en la jungla, rodeada de animales como monos y pájaros. Unos investigadores descubrieron el sitio en el 1848 y ha sido declarado Patrimonio Mundial por la UNESCO.

UN ANIMAL

El quetzal es el pájaro nacional de Guatemala. Es conocido por sus colores brillantes, incluidos el verde y el rojo. También es conocido por su larga cola. El quetzal era sagrado para los aztecas y para los mayas. Está en la bandera de Guatemala. Además, la moneda nacional se conoce como "quetzal".

PALABRAS ÚTILES

poderes- branches
sagrada - sacred
rodeada - surrounded
descubrieron - discovered
colinas - hills
niveles - levels

cálida - hot
conocido - known
cola- tail
sagrado - sacred
moneda - currency

El idioma oficial de Guatemala es el español. Hay veinticinco idiomas hablados en Guatemala, pero el español es el más hablado.

COMIDA DELICIOSA

El pepián es una comida popular en Guatemala. Es una mezcla de las culturas española y maya. El pepián es un guiso picante, de pollo, papas al horno, verduras y arroz. Se sirve con tortillas de maíz.

el maíz

Los rellenitos son servidos como un postre. Son plátanos fritos, rellenados con frijoles refritos, chocolate, azúcar, y canela.

PERSONAS FAMOSAS

Rigoberta Menchú nació en El Quiché, Guatemala. Su familia es maya, y ella ha luchado durante su vida entera por los derechos de las personas indígenas en Guatemala y en el mundo. Rigoberta Menchú es activista, feminista, escritora, y política. Menchú ganó el Premio Nobel de la Paz en 1992 por su activismo y trabajo por la justicia social.

Carlos Ruiz es un futbolista famoso de la Ciudad de Guatemala. Sus aficionados lo llaman "el Pescado". Se dice que es el mejor futbolista guatemalteco. Jugó con el equipo nacional de Guatemala de 1998 hasta 2006, fue capitán del equipo, hizo muchos goles y ganó muchos premios.

Gaby Moreno es cantautora guatemalteca. Canta en español, inglés, portugués y francés. Su música incluye jazz, blues y soul. Fue nominada a un Emmy con su coautor por escribir la canción principal del programa de televisión Parks and Rec.

LA CAPITAL
Ciudad de Guatemala

LA BANDERA

azul

azul

blanco

PALABRAS ÚTILES

mezcla - mixture
guiso - stew
plátanos fritos - fried plantains
refritos - refried
canela - cinnamon

ha luchado - has fought
derechos - rights
aficionados - fans
hizo goles - scored
premios - awards
cantautora - singer-songwriter

GUATEMALA

●─●··●─●

Lee las lecturas. Usa la información para completar las actividades.

1. ¿Cómo se llama la capital de Guatemala?

2. ¿Cuál es el idioma oficial de Guatemala?

3. ¿Qué tipo de gobierno tiene Guatemala?

4. ¿De qué color es la bandera de Guatemala? Descríbela y colorea la imagen.

5. ¿Cómo se llama la antigua ciudad sagrada de los mayas?

6. ¿Cuándo puede nadar la gente en el Lago Atitlán?

7. Guatemala tiene mucha comida deliciosa. Describe una comida y dibújala en el plato.

8. ¿Cómo se llama un postre relleno con frijoles refritos?

9. ¿Para quiénes era sagrado el quetzal?

10. Muchas personas famosas son de Guatemala. Describe uno de sus logros y dibújalo.

LA BANDERA

LA COMIDA

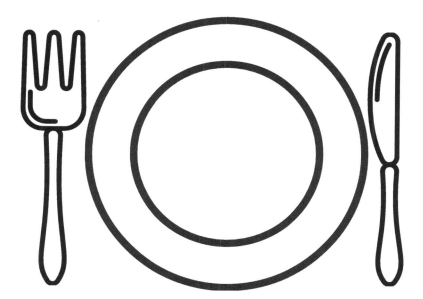

UNA PERSONA FAMOSA

GUINEA ECUATORIAL

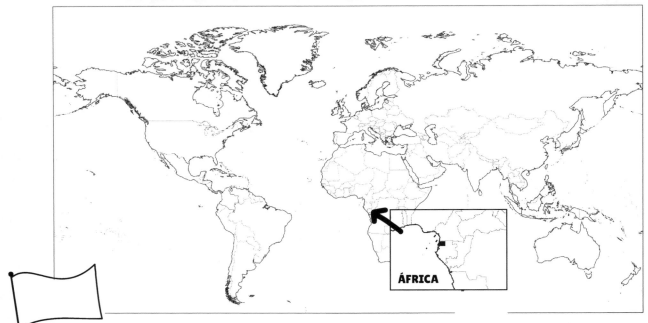

ÁFRICA

EL GOBIERNO

Guinea Ecuatorial es una república presidencialista con tres poderes: ejecutivo, legislativo y judicial. El jefe del poder ejecutivo es el presidente.

LUGARES INTERESANTES

El valle Moka, o Moca, es un lugar lleno de naturaleza en el sur de Guinea Ecuatorial. En este hermoso lugar, a los turistas les gusta hacer senderismo y ver las nubes entre los picos de las montañas. Se puede ver lagos, cascadas y aun monos.

La Catedral de Malabo está en la capital del país, Malabo. Es la iglesia católica romana más grande del país y fue construida al principio del siglo XX.

 PALABRAS ÚTILES

aunque - although
lleno - full
senderismo - hiking
nubes - clouds
aun - even
al principio - at the beginning
siglo XX - 20th century

LOS DIFERENTES IDIOMAS

Se habla muchos idiomas en Guinea Ecuatorial. El español y el francés son los idiomas oficiales del país. Aunque el francés es un idioma oficial, muchos residentes no lo hablan. Muchas personas hablan el español en Guinea Ecuatorial. También hay personas que hablan portugués y más de cinco idiomas indígenas.

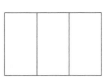
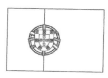

COMIDA DELICIOSA

El succotash, a veces llamado guiso de frijoles y maíz, es un plato muy popular en Guinea Ecuatorial. El succotash fue creado en los Estados Unidos durante los años de la esclavitud. Cuando algunos esclavos volvieron a África, llevaron este plato con ellos y, ahora, el succotash es considerado el plato nacional de Guinea Ecuatorial.

El osang es una de las bebidas nacionales de Guinea Ecuatorial. Está hecho de hojas de té negro, azúcar, canela en rama, cardamomo y agua. Después de calentar el té, se agrega leche.

PERSONAS FAMOSAS

Eva Ngui nació en Malabo, Guinea Ecuatorial. Ha ganado muchos premios en atletismo en los paraolímpicos. Eva tiene albinismo, una condición en la que uno no tiene pigmentación o tiene poca pigmentación en la piel.

Emilio Buale nació en la isla de Bioko, Guinea Ecuatorial, pero se mudó a España cuando tenía seis años. Es actor de cine y de televisión. Un director lo descubrió en un metro en Madrid, España. Buale habla cuatro idiomas con fluidez.

El presidente Teodoro Obiang Nguema Mbasogo ha sido presidente desde 1979. Fue militar antes de convertirse en presidente. Es el segundo presidente del país. Derrocó al primer presidente, su tío, en un golpe militar.

LA CAPITAL
Malabo

LA BANDERA

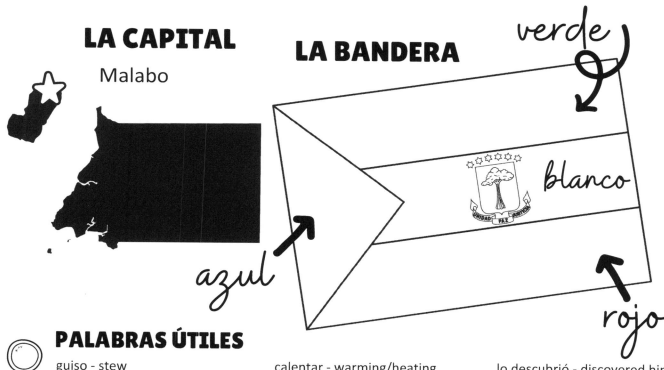

verde

blanco

azul

rojo

PALABRAS ÚTILES

guiso - stew
esclavitud - slavery
volvieron - returned
llevar con ellos - they carry along
hojas - leaves
canela - cinnamon

calentar - warming/heating
se agrega - is added
nació - was born
paraolímpicos - paralympics
piel - skin
se mudó - moved

lo descubrió - discovered him
con fluidez - fluently
ha sido - has been
derrocó - overthrew
tío - uncle
golpe militar - military coup

GUINEA ECUATORIAL

•—•—•—•—•

Lee las lecturas. Usa la información para completar las actividades.

1. ¿Cuál es la capital de Guinea Ecuatorial?

2. ¿Cuáles son los idiomas oficiales de Guinea Ecuatorial?

3. ¿Qué tipo de gobierno tiene Guinea Ecuatorial?

4. ¿De qué color es la bandera de Guinea Ecuatorial? Descríbela y colorea la imagen.

5. ¿Qué les gusta ver a los turistas entre los picos de las montañas en Moka?

6. ¿Por qué es especial la Catedral de Malabo?

7. ¿Cuál es el plato nacional de Guinea Ecuatorial?

8. ¿Quién es el presidente de Guinea Ecuatorial?

9. Guinea Ecuatorial tiene mucha comida deliciosa. Describe una comida y dibújala en el plato.

10. Muchas personas famosas son de Guinea Ecuatorial. Describe uno de sus logros y dibújalo.

LA BANDERA

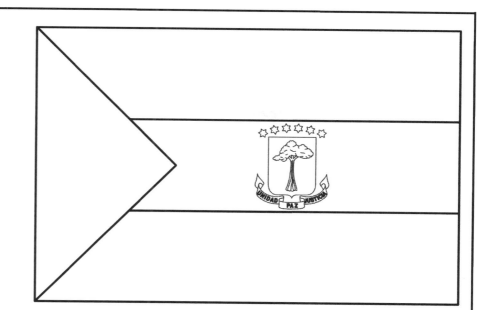

LA COMIDA

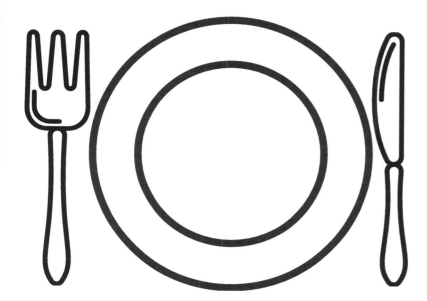

UNA PERSONA FAMOSA

HONDURAS

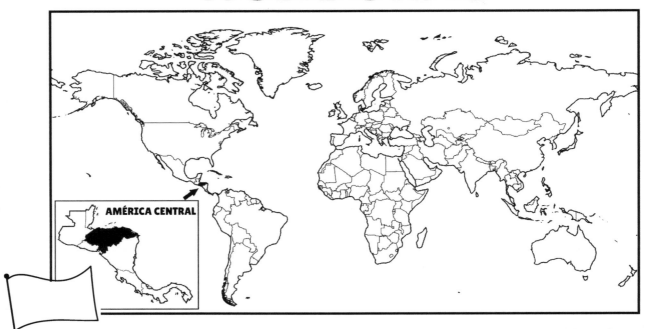

AMÉRICA CENTRAL

EL GOBIERNO

Honduras es una república democrática. Sin embargo, la política de los últimos 30 años ha estado marcada por problemas sociales y violencia. El presidente es el jefe de estado. Un congreso y una corte suprema completan los tres poderes del gobierno.

LUGARES INTERESANTES

Hace casi 2000 años que Copán fue construida. Es la ciudad maya más estudiada del mundo y, una vez, fue capital de un reino maya. Allí, hay una escalera con la inscripción de texto maya más larga que se conoce y que cuenta las historias de los gobernantes de Copán. Fue declarada Patrimonio de la Humanidad por la UNESCO en 1980.

Cayos Cochinos es un lugar con dos pequeñas islas que están rodeadas por 13 cayos de coral. Son parte del segundo arrecife de coral más grande del mundo, la Barrera de Coral Mesoamericana. Hay leyes que restringen la pesca comercial y la captura en el área. Es un lugar popular para que los buceadores vean hermosas especies de peces y corales.

UN ANIMAL IMPORTANTE

Las guaras rojas, "Scarlet Macaw" en inglés, fueron declaradas Ave Nacional de Honduras en 1993. Los mayas pensaban que volaban entre la tierra y los cielos. Creían que ese pájaro representaba a los dioses, el sol y el cielo. Las guaras están en muchas esculturas mayas en Copán.

El español es el idioma oficial de Honduras.

PALABRAS ÚTILES

sin embargo - however
ha estado marcada - has been marked
una vez - one time
escalera - stairway

cuenta - tells
rodeadas - surrounded
arrecife - reef
leyes - laws
restringen - restrict

ave - bird
volaban - they flew
pensaban - thought
cielos - heavens

COMIDA DELICIOSA

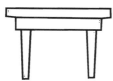

Las baleadas son un ejemplo perfecto de un plato hondureño. Es simplemente una tortilla de harina rellena con frijoles refritos y queso, pero las diferentes regiones del país tienen sus propias variaciones y adiciones, que pueden incluir huevos, carne o encurtidos.

El pescado capturado en el lago Yojoa generalmente se sala y se fríe. El plato es más rico que muchos otros platos de pescado y se sirve en todo el país. A veces se acompaña de col lombarda en escabeche, cebollas y plátanos fritos.

PERSONAS FAMOSAS

Wilson Palacios es un futbolista de Honduras. Jugó en Honduras antes de mudarse a Inglaterra, donde jugó en varios clubes. Palacios ayudó a la selección de Honduras a llegar a la Copa Mundial de la FIFA, jugando para su país en 2010 y en 2014. Se retiró del fútbol a fines de 2019, después de una carrera de casi 20 años.

Rocsi Díaz nació en Tegucigalpa y creció en Nueva Orleans. Es conocida como presentadora y personalidad de radio y televisión. Sus actuaciones más notables, como presentadora, han incluido temporadas en el programa BET 106 & Park de 2006 a 2012 y Entertainment Tonight de 2012 a 2014.

LA BANDERA

LA CAPITAL

Tegucigalpa

Las estrellas en la bandera son azules.

azul

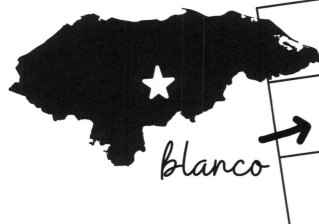

blanco

azul

PALABRAS ÚTILES

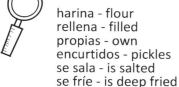

harina - flour
rellena - filled
propias - own
encurtidos - pickles
se sala - is salted
se fríe - is deep fried

col lombarda en escabeche - pickled red cabbage
cebollas - onions
mudarse - moving
ayudó - helped
creció - grew up
han incluido - have included
temporadas - seasons

HONDURAS

●—●—●—●—●

Lee las lecturas. Usa la información para completar las actividades.

1. ¿Cómo se llama la capital de Honduras?

2. ¿Cuál es el idioma oficial de Honduras?

3. ¿Qué tipo de gobierno tiene Honduras?

4. ¿De qué color es la bandera de Honduras? Descríbela y colorea la imagen.

5. ¿Qué ruinas mayas en Honduras fueron declaradas Patrimonio de la Humanidad por la UNESCO?

6. ¿Cuál es el ave nacional de Honduras?

7. Honduras tiene mucha comida deliciosa. Describe una comida y dibújala en el plato.

8. ¿Cuáles son los dos ingredientes principales dentro de la tortilla de harina de las baleadas?

9. ¿Quién es un futbolista famoso hondureño?

10. Muchas personas famosas son de Honduras. Describe uno de sus logros y dibújalo.

LA BANDERA

LA COMIDA

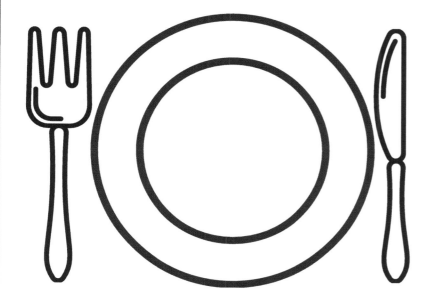

UNA PERSONA
FAMOSA

MÉXICO

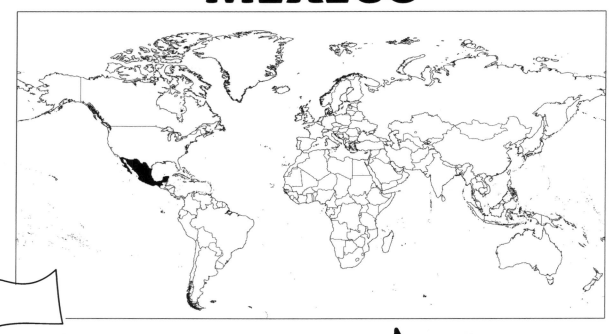

EL GOBIERNO

México tiene un gobierno con tres poderes, al igual que los Estados Unidos: un presidente, una corte suprema y un congreso bicameral. Los estados mexicanos operan con cierto nivel de independencia para hacer sus propias leyes y gobernar.

LUGARES INTERESANTES

El Arco de Cabo San Lucas, conocido localmente como "el arco", se encuentra en el extremo sur de la península de Baja California en la turística ciudad de Cabo San Lucas. Formado por la erosión durante cientos de miles de años, el arco tiene tres pisos de altura y se ven leones marinos con frecuencia.

La ciudad de Tulum fue una de las últimas construidas y habitadas por los mayas. Los mayas tuvieron su mayor población entre los años 1200 y 1400. La ciudad sobrevivió unos 70 años después de la llegada de los españoles a México. Las enfermedades traídas por los españoles provocaron el abandono de esta próspera ciudad de puertos. Hoy en día, es una de las ciudades mayas mejor conservadas y un destino turístico popular.

PALABRAS ÚTILES

últimas construidas - last built
sobrevivió - survived
enfermedades - sicknesses
traídas - brought
conocido - known
se encuentra - is found

cientos de miles - hundreds of thousands
leones marinos - sea lions
autorretratos - self-portraits
a menudo - often
se hizo - became

UNA PERSONA FAMOSA

Frida Kahlo es una pintora mexicana conocida por sus muchísimos autorretratos y obras inspiradas en el arte popular mexicano. Durante su vida, su esposo (su compañero y pintor Diego Rivera) a menudo recibió más atención y fama que Frida Kahlo. Pero, después de su muerte, su trabajo se hizo más conocido y admirado. Ahora, Frida Kahlo es considerada un ícono importante en la historia del arte.

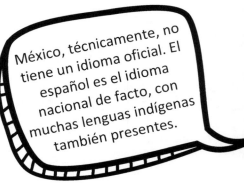

México, técnicamente, no tiene un idioma oficial. El español es el idioma nacional de facto, con muchas lenguas indígenas también presentes.

COMIDA DELICIOSA

Los chilaquiles son un popular plato de desayuno que incluye tortillas fritas, salsa y huevos. Generalmente se cubre con queso o pollo. ¡Es común usar las tortillas sobrantes de la noche anterior para preparar el desayuno a la mañana siguiente!

Los elotes son mazorcas de maíz que se hierven en agua con sal u otras especias locales como el tequesquite o el epazote. Después de la cocción, se agrega al maíz chile en polvo, jugo de limón y sal. El elote a menudo se vende en carritos callejeros en México o en mercados, ya que se puede comer fácilmente sobre la marcha.

LA MÚSICA

El mariachi es un género de música mexicana. Hay muchas formas de música y bandas de mariachi. Algunos de los instrumentos más comunes en el mariachi son violines, trompetas y guitarras, pero puede haber muchos otros. Los instrumentistas también cantan mientras tocan sus instrumentos.

La ranchera es un tipo de música que proviene de la música popular tradicional rural. El amor, el patriotismo y la naturaleza son temas comunes en la música ranchera. Las rancheras a menudo se cantan a dúo o como solos. Los instrumentos más comúnes que los cantantes tocan son los acordeones y las guitarras.

LA BANDERA

rojo

LA CAPITAL

La Ciudad de México

verde

blanco

PALABRAS ÚTILES

fritas - fried
se cubre - is covered
sobrantes - leftover
mazorcas de maíz - corn on the cob
se hierven - are boiled
se agregan - are added
carritos callejeros - street carts

algunos - some
puede haber - there can be
mientras - while
proviene de - comes from
temas - themes
a menudo - often

MÉXICO

Lee las lecturas. Usa la información para completar las actividades.

1. ¿Cómo se llama la capital de México?

2. ¿Cuánto duró Tulum después de la llegada de los españoles a México?

3. ¿Cuál es el idioma oficial de México?

4. ¿Qué tipo de gobierno hay en México?

5. ¿De qué color es la bandera de México? Descríbela y colorea la imagen.

6. ¿Cómo se formó el Arco de Cabo San Lucas?

7. México tiene mucha comida deliciosa. Describe una comida y dibújala en el plato.

8. ¿Cuáles son los instrumentos más comunes en la música Mariachi?

9. ¿Cuántas personas cantan una canción ranchera generalmente?

10. Muchas personas famosas son de México. Describe uno de sus logros y dibújalo.

LA BANDERA

LA COMIDA

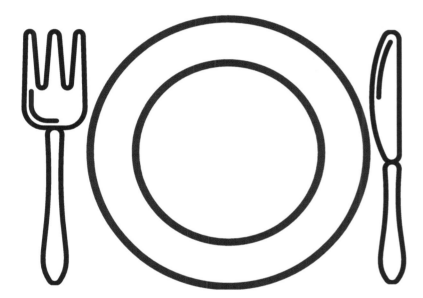

UNA PERSONA FAMOSA

NICARAGUA

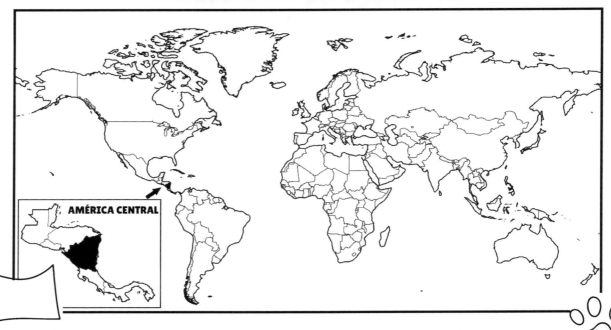

AMÉRICA CENTRAL

EL GOBIERNO

Nicaragua es una democracia constitucional. Tiene tres poderes: ejecutivo, legislativo y judicial. La Casa Presidencial también se llama la Casa Naranja. Daniel Ortega es el presidente actual de Nicaragua. Ortega también fue presidente del 1985 hasta 1990.

LUGARES INTERESANTES

El lago de Nicaragua es el lago más grande de América Central. Aunque es un lago de agua dulce, hay tiburones, que generalmente viven en agua salada. A veces se llama Mar Dulce. En las últimas décadas, los científicos dicen que hay más y más contaminación en el lago.

El volcán Momotombo es un volcán que erupcionó recientemente, en el 2015. Es conocido por su simetría. El Momotombo alcanza 1.280 metros sobre el nivel del mar. También hay otro volcán más pequeño que se llama Momotombito en una isla en el Lago Managua. Rubén Darío escribió un poema que se llama "Momotombo" en honor del volcán.

LOS ANIMALES

Los jaguares son los felinos más grandes de Nicaragua. Hay muchos en la costa atlántica de Nicaragua. Las manchas amarillas y negras de un jaguar los hace fáciles de identificar. El jaguar es considerado el rey de la selva nicaragüense y puede llegar a pesar 200 libras.

El idioma oficial de Nicaragua es el español.

PALABRAS ÚTILES

poderes - branches
corriente - current
aunque - although
tiburones - sharks
agua salada - saltwater

recientemente - recently
simetría - symmetry
alcanza - reaches
nivel - level
manchas - spots

los hace - makes them
rey - king
selva - jungle
pesar - weigh
libras - pounds

COMIDA DELICIOSA

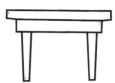

El vigorón es un plato nicaragüense que es popular en Granada, Nicaragua. Es una pequeña montaña de yuca hervida, chicharrones y ensalada de repollo. Una mujer a la que la gente llamaba "la Loca" creó este platillo que se puede tomar como desayuno, almuerzo o cena.

El nombre del plato "gallo pinto" hace referencia al aspecto de las plumas de un gallo. Está hecho con frijoles rojos, arroz blanco y cebollas picadas que se fríen en una sartén grande con un poco de agua.

PERSONAS FAMOSAS

Rubén Darío nació en el 1867. Era poeta, periodísta, y escritor. Rubén Darío es conocido como el padre del modernismo, un tipo de literatura. El modernismo se basa en la renovación del lenguaje y la métrica para crear fuertes imágenes.

Bianca Jagger es de Managua. Fue actriz, pero ahora es activista de derechos humanos y sociales. Cuando Bianca Jagger vio a muchos refugiados en Honduras, que eran forzados a punta de pistola e iban a ser asesinados, se puso furiosa. Entonces se convirtió en activista. Estuvo casada con Mick Jagger, el músico de The Rolling Stones, por siete años.

LA CAPITAL

Managua

LA BANDERA

azul

blanco

azul

PALABRAS ÚTILES

hervida - boiled
chicharrones - pork rinds
repollo - cabbage
creó - created
pintado - painted
hecho - made

cebollas picadas - chopped onions
se fríen - are fried
se basa en - is based on
lenguaje - language
métrica - metrics
fuertes - strong

derechos - rights
vio - saw
forzados - forced
iban - were going

NICARAGUA

● ─ ● ● ● ─ ●

Lee las lecturas. Usa la información para completar las actividades.

1. ¿Cómo se llama la capital de Nicaragua?

2. ¿Cuál es el idioma oficial de Nicaragua?

3. ¿Qué tipo de gobierno tiene Nicaragua?

4. ¿De qué color es la bandera de Nicaragua? Descríbela y colorea la imagen.

5. ¿Cuál es el lago más grande de América Central?

6. ¿Por qué es conocido Momotombo?

7. Nicaragua tiene mucha comida deliciosa. Describe una comida y dibújala en el plato.

8. ¿Quién es conocido como el Padre del modernismo?

9. ¿Qué animal es considerado el rey de la selva nicaragüense?

10. Muchas personas famosas son de Nicaragua. Describe uno de sus logros y dibújalo.

LA BANDERA

LA COMIDA

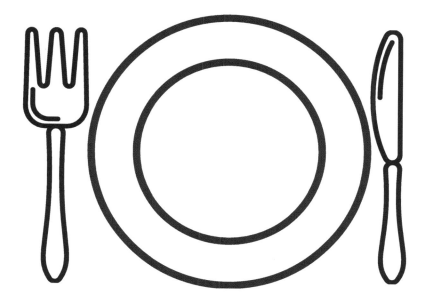

UNA PERSONA FAMOSA

PANAMÁ

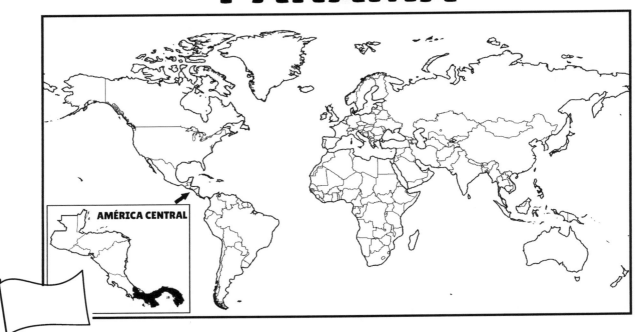

AMÉRICA CENTRAL

EL GOBIERNO

Panamá es una democracia representativa. Hay tres poderes: ejecutivo, legislativo y judicial. Los presidentes de Panamá pueden ser presidentes solo una vez y por cinco años máximo.

LUGARES INTERESANTES

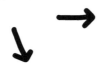

El Canal de Panamá es uno de los canales más famosos del mundo. Es una vía fluvial artificial, construida para conectar el océano Atlántico con el océano Pacífico. El canal atraviesa Panamá y es muy importante para el comercio marítimo. El Canal de Panamá se abrió en 1914.

El Golfo de Chiriquí es un lugar turístico popular. Hay numerosas islas en el golfo con playas hermosas, bosques y árboles de cocos. También hay dos parques nacionales en el golfo. Estos parques marinos protegen a los arrecifes de coral y a importantes manglares. Observar las ballenas jorobadas en El Parque Nacional Coiba es una actividad popular.

LOS ANIMALES

El animal oficial del país es la rana dorada panameña. Tiene manchas negras en su cuerpo de color amarillo brillante. Es considerada un símbolo de buena suerte en Panamá.

El idioma oficial de Panamá es el español. Aproximadamente un 14% de los panameños habla inglés con fluidez.

PALABRAS ÚTILES

poderes - branches
poder - power
vía fluvial - waterway
construida - built
comercio marítimo -
 maritime trade

arrecifes - coral reefs
manglares - mangroves
ballenas jorobadas -
 humpback whales

dorada - golden
manchas - spots
buena suerte - good luck
porcentaje - percentage
fluidez - fluency

COMIDA DELICIOSA

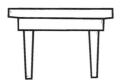

El plato nacional de Panamá es el sancocho. Es un guiso de pollo, ñame, y culantro. A veces se agrega yuca, mazorca de maíz y otoe (raíz de taro). Se puede comer sancocho como desayuno, almuerzo, o la cena.

Los patacones son plátanos verdes, pelados, y después fritos dos veces en aceite. Se aplastan los plátanos para darles su forma redonda. Se pueden comer con carne frita. Es una merienda popular en Panamá.

PERSONAS FAMOSAS

Gwen Ifill era de Nueva York y su padre era de Panamá. Ifill fue periodista, presentadora de televisión y autora. Fue la primera afroamericana en presentar un programa televisivo de asuntos públicos en Washington Week in Review. En 2020, la imagen de Gwen Ifill se convirtió en un sello postal.

Rubén Blades es cantante, compositor, actor, activista y político. Le gusta tocar música de todo tipo, pero le gustan especialmente la salsa y el jazz latino. Ha ganado nueve Grammys. Rubén Blades intentó ser presidente, pero no ganó. Sin embargo, fue elegido Ministro de Turismo más tarde.

LA BANDERA

LA CAPITAL

La Ciudad de Panamá

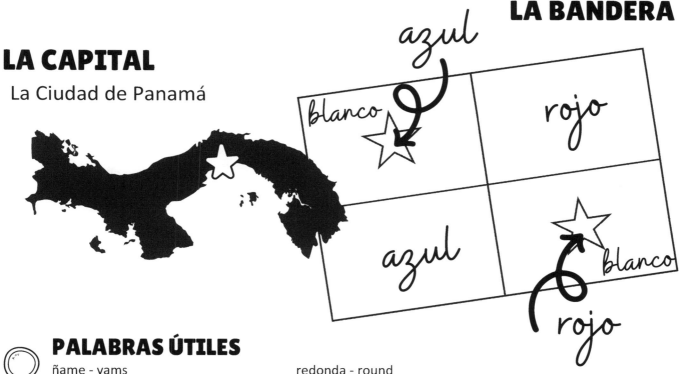

azul

blanco

rojo

azul

blanco

rojo

PALABRAS ÚTILES

ñame - yams
culantro - coriander
se agrega - is added
mazorca de maíz - corn on the cob
pelados - peeled
aceite - oil
se aplastan - crushed

redonda - round
asuntos públicos - public affairs
sello postal - postage stamp
ha ganado - has won
han incluido - have included
sin embargo - however
elegido - elected

PANAMÁ

●━●━●━●━●

Lee las lecturas. Usa la información para completar las actividades.

1. ¿Cómo se llama la capital de Panamá?

2. ¿Cuál es el idioma oficial de Panamá?

3. ¿Qué tipo de gobierno tiene Panamá?

4. ¿De qué color es la bandera de la Panamá? Descríbela y colorea la imagen.

5. ¿Qué vía fluvial conecta el océano Atlántico con el Pacífico?

6. ¿Cuál es el animal nacional de Panamá?

7. Panamá tiene mucha comida deliciosa. Describe una comida y dibújala en el plato.

8. ¿Qué plato se puede comer como desayuno, almuerzo o cena?

9. ¿La foto de qué panameña aparece en un sello postal?

10. Muchas personas famosas son de Panamá. Describe uno de sus logros y dibújalo.

LA BANDERA

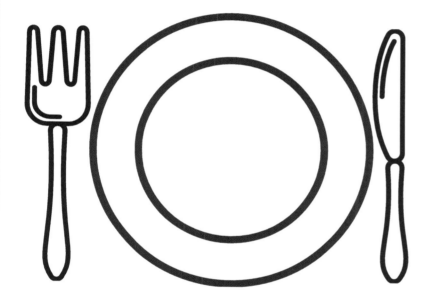

LA COMIDA

UNA PERSONA FAMOSA

PARAGUAY

EL GOBIERNO

Paraguay es una república democrática. En 1992 se cambiaron las leyes y el gobierno pasó a estar formado por tres poderes. El presidente puede permanecer en el cargo por cinco años.

COMIDA DELICIOSA

El mbejú es un pastel de almidón que a veces se hace con harina de fariña o mandioca. Otros ingredientes comunes son: grasa de cerdo, sal fina, queso fresco y leche. La palabra guaraní "mbejú" significa "pastel" en español.

¡La sopa paraguaya no es una sopa! Es similar al pan de maíz. La harina de maíz, el queso y la leche son ingredientes comunes. Tiene muchas calorías y proteínas.

el maíz

LA MÚSICA

El instrumento nacional de Paraguay es el arpa. El arpa paraguaya ha cambiado y lo más común es que tenga 36 cuerdas. El arpa se toca sola o con otras arpas. Tradicionalmente, los hombres eran las únicas personas que podían tocar el arpa.

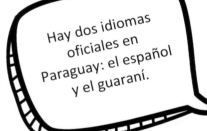

Hay dos idiomas oficiales en Paraguay: el español y el guaraní.

PALABRAS ÚTILES

se cambiaron - they changed
las leyes - laws
pasó a estar - become
pan de maíz - cornbread
harina de maíz - cornmeal

almidón - starch
harina de fariña - cassava flour
grasa de cerdo - pork fat
sal fina - fine salt
ha cambiado - has changed

tenga - it has
cuerdas - strings
se toca- is played
únicas - only
podían - could

LUGARES INTERESANTES

Las Cataratas del Iguazú son cascadas muy populares en la frontera de Brasil, Argentina y Paraguay. Aunque técnicamente no están en Paraguay, son un sitio turístico principal de la región y tienen más de 250 pies de altura. Hay aproximadamente 275 cascadas en las Cataratas del Iguazú.

La Santísima Trinidad de Paraná fue declarada Patrimonio Mundial por la UNESCO, pero no es muy visitada por turistas. El sitio fue construido en 1706. Es un ejemplo de una de las muchas reducciones católicas, pequeñas colonias establecidas por los misioneros en varios lugares de América del Sur. Ahora hay ruinas de muchos tipos de edificios, como iglesias y escuelas.

La Represa de Itaipú es una represa hidroeléctrica. Está en la frontera entre Paraguay y Brasil. Itaipú es una palabra guaraní que significa "la piedra que suena". En 2020, la represa de Itaipú fue la segunda represa del mundo en cuanto a producción de energía hidroeléctrica.

PERSONAS FAMOSAS

Augusto Roa Bastos fue escritor, periodista, profesor y guionista. Nació en 1917 y murió en 2005. Vivió durante muchos regímenes militares dictatoriales en Paraguay. Roa Bastos estuvo en el exilio varios años, a causa de las dictaduras en Paraguay. Su novela más popular se llama *Yo, el Supremo*, y tiene que ver con los pensamientos y la vida del primer dictador de Paraguay.

Ana Lucrecia Taglioretti fue una violinista famosa de Paraguay. Nació prematura y ciega y fue adoptada por una profesora de música. Empezó a estudiar música desde muy joven. Tocaba el piano, cantaba y tocaba el violín. Es muy conocida por su forma de tocar el violín. Nació en 1995 y solo vivió hasta los 24 años.

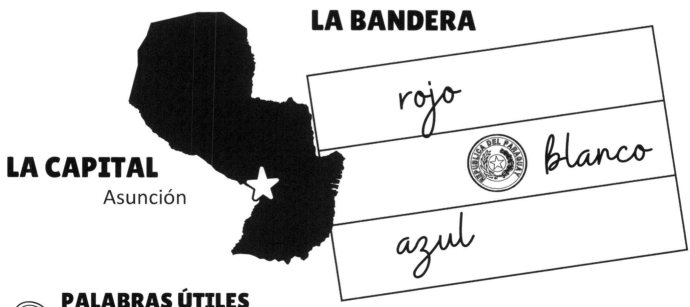

LA BANDERA

rojo

blanco

azul

LA CAPITAL
Asunción

PALABRAS ÚTILES

cascadas - waterfalls	represa - dam	ciega - blind
frontera - border	frontera - border	tocaba - played (instrument)
aunque - although	piedra que suena - sounding stone	
altura - height	guionista - screenwriter	
visitada - visited	dictatoriales - dictators	
ejemplo - example	tiene que ver - has to do with	
establecidas - established	pensamientos - thoughts	

PARAGUAY

•—•••—•

Lee las lecturas. Usa la información para completar las actividades.

1. ¿Cómo se llama la capital de Paraguay?

2. ¿Cuáles son los idiomas oficiales de Paraguay?

3. ¿Qué tipo de gobierno tiene Paraguay?

4. ¿De qué color es la bandera de Paraguay? Descríbela y colorea la imagen.

5. ¿Cuántas cascadas hay en las Cataratas del Iguazú?

6. ¿A qué es similar la sopa paraguaya?

7. Paraguay tiene mucha comida deliciosa. Describe una comida y dibújala en el plato.

8. ¿Quién estuvo exiliado por escribir sobre los dictadores?

9. ¿Cuál es el instrumento nacional de Paraguay?

10. Muchas personas famosas son de Paraguay. Describe uno de sus logros y dibújalo.

LA BANDERA

LA COMIDA

UNA PERSONA FAMOSA

PERÚ

EL GOBIERNO

Perú es una república democrática. Tiene un presidente y un congreso que tiene una sola cámara (mientras que Estados Unidos tiene dos). La votación es obligatoria en Perú, a diferencia de muchos otros países donde es opcional. La votación obligatoria se aplica estrictamente.

COMIDA DELICIOSA

El ceviche es el plato nacional del Perú. Está hecho con pescado fresco y es especialmente popular cerca de la costa. El pescado se sirve crudo, marinado en limón o lima y se mezcla con especias. Generalmente es servido como aperitivo.

EL BAILE

La marinera es el baile nacional del Perú. La marinera combina elementos de baile de las antiguas culturas incas con bailes de salón europeos. Se baila en pareja y su propósito tradicional era el cortejo.

Los anticuchos son una comida callejera popular en Perú, que se vende en carros y puestos. El tipo más común está hecho de corazones de res. Se sirven en una brocheta.

El idioma oficial del Perú es el español. Sin embargo, en el país se habla varios idiomas indígenas. El quechua es el segundo idioma más hablado en el Perú, mientras que el aymara es el tercero.

PALABRAS ÚTILES

mientras - while
obligatoria - mandatory
hecho - made
cerca de - close to
crudo - raw
se mezcla - it is mixed
aperitivo - appetizer
comida callejera - street food

corazones de res - cattle hearts
brocheta - skewer
bailes de salón - ballroom dances
juntas - together
propósito - purpose
cortejo - courtship

LUGARES INTERESANTES

Uno de los lugares más famosos del Perú es Machu Picchu. Fue obra del emperador Inca Pachacuti. Fue construido en los años 1400, pero estuvo abandonado por muchos años. Los conquistadores españoles no conocieron su existencia y, por ello, es uno de los sitios incas mejor conservados.

El lago Titicaca es el lago más grande de América del Sur o el "lago navegable más alto" del mundo, aunque esto se refiere más a los barcos comerciales. Está en las montañas de los Andes. Hay cinco ríos que desembocan en el lago y 41 islas.

Las Líneas de Nazca son líneas gigantes en forma de animales y plantas, grabadas directamente en el suelo. Las Líneas de Nazca son consideradas un misterio porque sus formas solo se pueden ver desde el aire. Fueron creadas por la antigua cultura Nazca, hace más de 2000 años.

PERSONAS FAMOSAS

Ricardo Palma fue un autor peruano. Nació en Lima y creó el género literario conocido como "tradiciones", que son cuentos que mezclan historia y ficción.

María Julia Mantilla ganó fama internacional cuando fue coronada Miss Mundo en 2004. Ahora presenta un popular programa de televisión en Perú y se dedica a varias causas benéficas.

UN ANIMAL INTERESANTE

La vicuña es el animal nacional de Perú. Está emparentada con las llamas y generalmente vive en la Cordillera de los Andes. Su lana es muy fina y cara. Debido a que eran perseguidas por su lana, las vicuñas fueron declaradas en peligro de extinción en la década de 1970.

LA CAPITAL

Lima

LA BANDERA

rojo

rojo

blanco

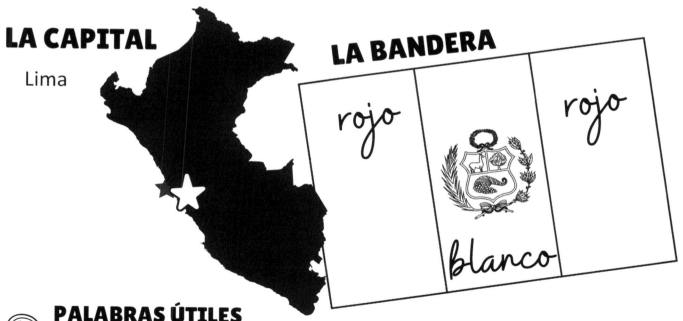

PALABRAS ÚTILES

obra - work
por ello - because of that
aunque - although
desembocan - flow into
grabadas - etched
suelo - ground

se pueden ver - can be seen
hace...años - ...years ago
nació - was born
creó - created
conocido - known
mezclan - mix
fue coronada - was crowned

presenta - hosts
emparentados - related
cordillera - mountain range
lana - wool
cara - expensive
debido a - because
peligro - danger

PERÚ

Lee las lecturas. Usa la información para completar las actividades.

1. ¿Cómo se llama la capital de Perú?

2. ¿Cuál es el idioma oficial en Perú?

3. ¿Qué tipo de gobierno hay en Perú?

4. ¿De qué color es la bandera de Perú? Descríbela y colorea la imagen.

5. ¿Cuál es el lago más grande de América del Sur?

6. ¿Cuál es el sitio que fue obra de un emperador inca?

7. ¿Qué animal fue declarado en peligro de extinción?

8. ¿Cuál es el baile nacional de Perú? Descríbelo.

9. Perú tiene mucha comida deliciosa. Describe una comida y dibújala en el plato.

10. Muchas personas famosas son de Perú. Describe uno de sus logros y dibújalo.

LA BANDERA

LA COMIDA

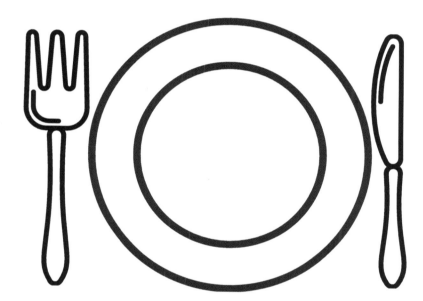

UNA PERSONA FAMOSA

PUERTO RICO

EL CARIBE

EL GOBIERNO

Puerto Rico es un territorio de los Estados Unidos. Es una república democrática, pero bajo la jurisdicción de los Estados Unidos. El presidente de los Estados Unidos es el jefe de estado de Puerto Rico.

LUGARES INTERESANTES

El Yunque es un bosque tropical. Hay una gran variedad de plantas y animales en el Yunque, ¡incluyendo 240 tipos diferentes de árboles! El nombre "yunque" viene de la forma de la montaña, que es plana en la cima, como un yunque.

UN ANIMAL CANTANTE

El coquí es un tipo de rana que vive en Puerto Rico. Es un símbolo nacional de Puerto Rico. Es famoso porque "canta". ¡Su "canto" es muy distintivo! Generalmente, los coquís son de color marrón, verde o amarillo.

El Castillo San Felipe de Morro fue declarado Patrimonio Histórico por la UNESCO. Fue construido en el siglo XVI para proteger el puerto de San Juan, que pertenecía a los conquistadores españoles.

PALABRAS ÚTILES

jefe de estado- head of state
árboles - trees
yunque - anvil
plana - flat
cima - peak
proteger - protect
puerto - port or harbor

siglo XVI - 16th century (1500s)
rana - frog
marrón - brown

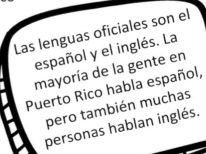

Las lenguas oficiales son el español y el inglés. La mayoría de la gente en Puerto Rico habla español, pero también muchas personas hablan inglés.

PERSONAS FAMOSAS

Ricky Martin es un famoso cantante de San Juan, Puerto Rico. Ha tenido una larga carrera y tiene muchas canciones que son muy populares en los Estados Unidos y en América Latina. Una de sus canciones más populares es Livin´ la Vida Loca.

Lin-Manuel Miranda es un compositor, letrista, actor, cantante y productor de los Estados Unidos. Su familia es de Puerto Rico. Su cumpleaños es el 16 de enero. Es el creador y protagonista de los musicales de Broadway *In the Heights* y *Hamilton*.

Roberto Alomar es un ex jugador de béisbol de las Grandes Ligas. Es considerado por muchos como uno de los mejores jugadores de segunda base de la historia. Es de Ponce, Puerto Rico. Su cumpleaños es el 5 de febrero.

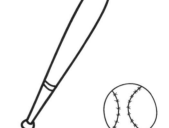

COMIDA DELICIOSA

Los tostones son una comida tradicional. Son plátanos verdes fritos. Un plátano es similar a una banana, pero no son la misma fruta.

Una empanadilla es similar a una empanada. También es similar a las samosas indias. Se hace con una masa ligera con carne adentro. Las empanadillas se fríen en aceite. Generalmente tienen la forma de media luna.

LA BANDERA

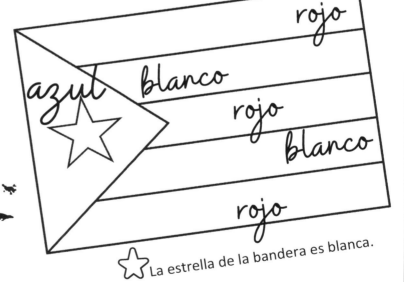

La estrella de la bandera es blanca.

LA CAPITAL

San Juan

PALABRAS ÚTILES

fritos - fried
misma - same
ligera - light
adentro - inside
empanadilla - patty
se hornean - baked

ha tenido - has had
carrera - career
compositor - composer
letrista - lyricist
Grandes Ligas - Major Leagues
mejores - best

PUERTO RICO

● ○ ● ● ○ ●

Lee las lecturas. Usa la información para completar las actividades.

1. ¿Cuál es la capital de Puerto Rico?

2. ¿Cuáles son los idiomas oficiales de Puerto Rico?

3. ¿Qué tipo de gobierno tiene Puerto Rico?

4. ¿De qué color es la bandera de Puerto Rico? Descríbela y colorea la imagen.

5. ¿Cómo se llama el bosque tropical? ¿Cuántos tipos de árboles hay en el bosque tropical?

6. ¿Por qué fue construido el Castillo San Felipe del Morro?

7. ¿Qué son los tostones?

8. ¿Qué animal es un símbolo nacional de Puerto Rico?

9. Puerto Rico tiene mucha comida deliciosa. Describe una comida y dibújala en el plato.

10. Muchas personas famosas son de Puerto Rico. Describe uno de sus logros y dibújalo.

LA BANDERA

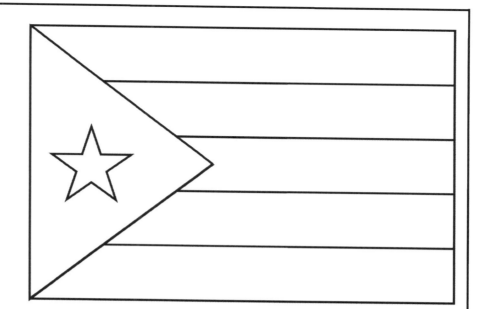

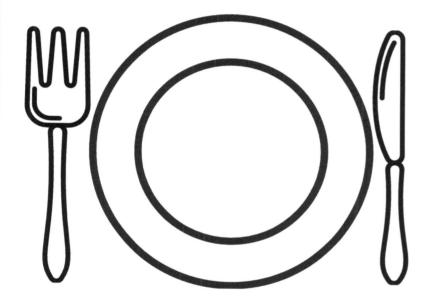

LA COMIDA

UNA PERSONA FAMOSA

LA REPÚBLICA DOMINICANA

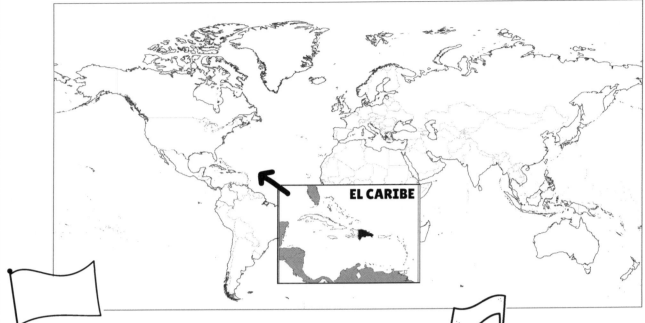

EL CARIBE

EL GOBIERNO

El presidente de la República Dominicana es el jefe de estado y, a la vez, el jefe de gobierno de la República Dominicana. La República Dominicana es una democracia representativa con poderes ejecutivo, legislativo y judicial.

LUGARES INTERESANTES

Los Tres Ojos es un parque nacional en la República Dominicana que también es un destino turístico popular. Es un parque con cuevas de piedra caliza, parcialmente colapsadas, que contienen tres lagos. Un lago es de agua sulfurosa, otro es de agua salada y el más grande es de agua dulce.

El Parque Nacional Los Haitises es un parque nacional en la costa noreste de la República Dominicana. Hay una gran área de bosque de manglar en la costa. El parque contiene la mayor representación de fauna entre todos los parques protegidos de la República Dominicana.

EL BAILE

El merengue es el baile nacional y la música nacional de la República Dominicana. Los instrumentos que se tocan en el merengue son un acordeón, un tambor de dos caras y una güira (un cilindro de metal con agujeros con un cepillo que se desliza hacia arriba y hacia abajo por su superficie). La música y el baile son muy rápidos.

PALABRAS ÚTILES

jefe de estado - head of state
a la vez - at the same time
caliza - limestone
contienen - contain
noreste - northeast
bosque de manglar - mangrove forest

tambor de dos caras - drum with two sides
agujeros- holes
se desliza - slides
superficie - surface

El idioma oficial es el español.

hola

PERSONAS FAMOSAS

Zoe Saldana nació en Passaic, Nueva Jersey, pero pasó la mayor parte de su infancia en la República Dominicana. Su papá es dominicano y su mamá es puertorriqueña. Es una famosa actriz que ha tenido varios papeles, como Neytiri en *Avatar*, Uhura en *Star Trek* y Gamora en *Guardianes de la Galaxia*.

Oscar de la Renta fue un diseñador de moda dominicano. Nació en Santo Domingo, la capital del país. De la Renta es conocido internacionalmente porque fue una de las personas que vistió a Jacqueline Kennedy en los años 1960.

Sammy Sosa jugó béisbol para los Chicago Cubs. Es de San Pedro de Macorís, República Dominicana. Es uno de los 9 jugadores de la MLB en conectar 600 jonrones en su carrera. También conectó 66 jonrones en una temporada.

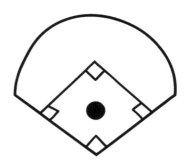

COMIDA DELICIOSA

El mofongo es un plato con plátanos verdes fritos, cerdo y, a menudo, camarones.

El mangú es una plato de desayuno hecho de plátanos machacados. Se puede servir con cebolla, queso, salami y huevos.

LA BANDERA

azul

rojo

blanco

rojo

azul

LA CAPITAL

Santo Domingo

PALABRAS ÚTILES

ha tenido - has had
papeles - roles
diseñador de moda - fashion designer
vistió - dressed

jonrones - homeruns
carrera - career
temporada - season

hecha - made
machacados - smashed
a menudo - often
camarones - shrimp

LA REPÚBLICA DOMINICANA

Lee las lecturas. Usa la información para completar las actividades.

1. ¿Cómo se llama la capital de la República Dominicana?

2. ¿Cuál es el idioma oficial de la República Dominicana?

3. ¿Qué tipo de gobierno tiene la República Dominicana?

4. ¿De qué color es la bandera de la República Dominicana? Descríbela y colorea la imagen.

5. ¿Cuáles son los tres tipos de lagos que hay en Los Tres Ojos?

6. ¿Qué hay en la costa del Parque Nacional Los Haitises?

7. La República Dominicana tiene mucha comida deliciosa. Describe una comida y dibújala en el plato.

8. ¿Qué dominicano conectó un número récord de jonrones?

9. ¿Qué tipo de baile es el merengue?

10. Muchas personas famosas son de la República Dominicana. Describe uno de sus logros y dibújalo.

LA BANDERA

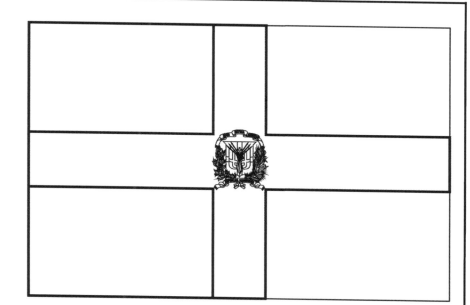

LA COMIDA

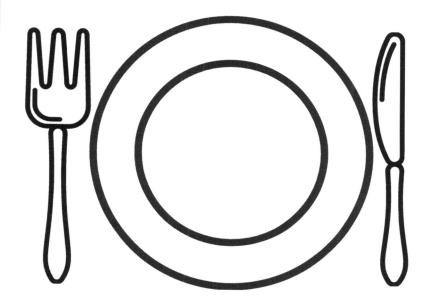

UNA PERSONA FAMOSA

81

URUGUAY

EL GOBIERNO

Uruguay es una república democrática. Hay tres poderes del gobierno: ejecutivo, legislativo y judicial. El presidente puede tener su rol por cinco años.

LUGARES INTERESANTES

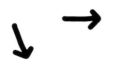

La Mano es una escultura famosa en la ciudad de Punta del Este. Es una escultura de cinco dedos humanos que emergen de la arena en esa playa del Océano Atlántico. Fue creada en 1982 por un artista chileno.

Colonia del Sacramento es una ciudad que fue declarada Patrimonio Mundial por UNESCO. Es conocida por sus calles de adoquines y los edificios portugueses. En la ciudad hay un faro popular: el Faro de Colonia del Sacramento.

EL BAILE

El candombe es una danza folclórica de Uruguay que se presenta en festivales. En sus orígenes solo las personas de ascendencia africana bailaban y tocaban el candombe. Era así porque había muchas personas esclavizadas en la costa este de América del Sur en los años 1700. En el candombe se tocan tres tambores de madera, lo que le da a la música sus ritmos especiales.

PALABRAS ÚTILES

adoquines - cobblestone
faro - lighthouse
dedos - fingers
arena - sand
tocan - play

madera - wood
lo que - which
ritmos - rhythms

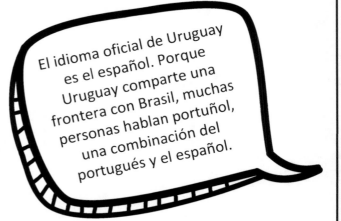

El idioma oficial de Uruguay es el español. Porque Uruguay comparte una frontera con Brasil, muchas personas hablan portuñol, una combinación del portugués y el español.

COMIDA DELICIOSA

El chivito uruguayo es un bocadillo, o sándwich, con mucha carne. Se hace con pan, bistec o jamón, queso, lechuga, tomates, mayonesa y un huevo frito.

El mate es una bebida de hojas de una planta regional que se sumergen en agua caliente. A veces se añade azúcar al mate. Cuando está preparado con agua fría, se llama "tereré". El mate es muy popular en Uruguay. El mate tiene mucha cafeína y ahora se usa la planta para fabricar bebidas energizantes.

PERSONAS FAMOSAS

Luis Suárez es un futbolista profesional uruguayo. Ahora juega en el Inter de Miami y el equipo nacional de Uruguay. Ha ganado diecinueve trofeos importantes en su carrera. Su apodo es "el Pistolero".

Lucía Topolansky fue la primera mujer vicepresidenta de Uruguay, de 2017 hasta 2020. Su apodo es "la Tronca" porque es muy fuerte. Es exguerrillera, fugitiva de la prisión y sobreviviente de tortura. Ella continúa luchando por la igualdad de todos los uruguayos, hoy en día.

LA BANDERA

El sol amarillo está en un cuadro blanco.

blanco
azul
blanco
azul
blanco
azul
blanco
azul
blanco

LA CAPITAL

Montevideo

PALABRAS ÚTILES

lechuga - lettuce
mayonesa - mayonnaise
hojas - leaves
sumergen - submerged
se añade - is added

ha ganado - has won
carrera - career
apodo - nickname
sobreviviente - survivor

luchar - fight
igualdad - equality

URUGUAY

•—•—•—•

Lee las lecturas. Usa la información para completar las actividades.

1. ¿Cómo se llama la capital de Uruguay?

2. ¿Cuál es el idioma oficial de Uruguay?

3. ¿Qué tipo de gobierno tiene Uruguay?

4. ¿De qué color es la bandera de Uruguay? Descríbela y colorea la imagen.

5. ¿Por qué es conocida Colonia del Sacramento?

6. ¿En qué ciudad está La Mano?

7. Uruguay tiene mucha comida deliciosa. Describe una comida y dibújala en el plato.

8. ¿Por qué se usa la planta de la yerba mate para bebidas energizantes?

9. ¿Cuáles son los instrumentos que se tocan en el candombe?

10. Muchas personas famosas son de Uruguay. Describe uno de sus logros y dibújalo.

LA BANDERA

LA COMIDA

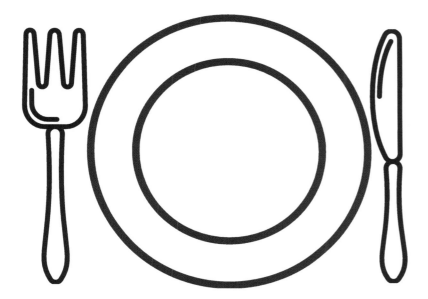

UNA PERSONA FAMOSA

VENEZUELA

EL GOBIERNO

Venezuela es una república presidencial federal. El presidente tiene la mayor parte del poder y el Partido Socialista Unido es el partido dominante en el país. La política en Venezuela ha sido volátil durante los últimos años y The Economist Intelligence Unit llamó a Venezuela un "régimen autoritario" en 2019.

LUGARES INTERESANTES

Hay muchas tumbas de figuras famosas del país en el Panteón Nacional de Venezuela. Entre esas tumbas está la de Simón Bolívar, que fue el líder de la lucha por la independencia de España.

Salto Ángel (Angel Falls) es la cascada ininterrumpida más alta del mundo, con una altura de 3.212 pies. La cascada cae sobre el borde de la montaña Auyán-tepui hacia el río Kerepacupai Merú. Salto Ángel está en el Parque Nacional Canaima.

LA MÚSICA

El joropo es la música y el baile nacional de Venezuela. Es un baile para dos personas, con 36 pasos. Algunos instrumentos comunes que se tocan en el joropo son la mandolina, las maracas y una guitarra especial de cuatro cuerdas. El joropo combina estilos musicales de América del Sur, África y Europa. La palabra "joropo" significa "fiesta".

PALABRAS ÚTILES

poder - power
ha sido - has been
lugar - place
lucha - fight
cascada - waterfall
altura - height

cae - drops
hacia - towards
pasos - steps
cuerdas - strings

El español es el idioma oficial de Venezuela.

PERSONAS FAMOSAS

Simón Bolívar fue un líder militar y político muy influyente. Era un niño rebelde. Esta naturaleza rebelde, algunos tutores y una educación no tradicional lo ayudaron a desarrollar las habilidades necesarias para liberar del control español a los países de América del Sur. Simón Bolívar es llamado "el Libertador" y es muy respetado en América del Sur.

Evelyn Miralles es de Venezuela. Es más conocida por su trabajo como ingeniera con la NASA, específicamente por sus avances en la realidad virtual, que ayudan a los astronautas a simular caminatas espaciales realistas.

COMIDA DELICIOSA

Las arepas son un alimento muy común en la cocina venezolana. Están hechas de maíz molido y a menudo se sirven con queso y carnes o se usan para sándwiches. Provienen de antes de la colonización de España.

Los tequeños son una merienda y aperitivo popular en Venezuela. Son palitos de queso, fritos, con queso blanco y hojaldre. Se pueden hacer variaciones con otros quesos o ingredientes.

LA BANDERA

amarillo

azul

rojo

Las estrellas son blancas.

LA CAPITAL

Caracas

PALABRAS ÚTILES

merienda - snack
aperitivo - appetizer
palitos - sticks
hojaldre - pastry dough
alimento - food
maíz molido - ground corn

a menudo - often
provienen - come from
rebelde - rebellious
desarrollar - develop
habilidades - skills
liberar - liberate/free

conocida - known
ingeniera - engineer
simular - simulate
caminatas espaciales - spacewalks

VENEZUELA

— ● — ● — ● —

Lee las lecturas. Usa la información para completar las actividades.

1. ¿Cómo se llama la capital de Venezuela?

2. ¿Cuál es el idioma oficial de Venezuela?

3. ¿Qué tipo de gobierno tiene Venezuela?

4. ¿De qué color es la bandera de Venezuela? Descríbela y colorea la imagen.

5. ¿Cómo se llama la cascada ininterrumpida más alta del mundo?

6. ¿De quién es una de las tumbas que se encuentran en el Panteón Nacional de Venezuela?

7. Venezuela tiene mucha comida deliciosa. Describe una comida y dibújala en el plato.

8. ¿Cuáles son los ingredientes de los tequeños?

9. ¿Cuáles son los tres instrumentos principales que se tocan en la música joropo?

10. Muchas personas famosas son de Venezuela. Describe uno de sus logros y dibújalo.

LA BANDERA

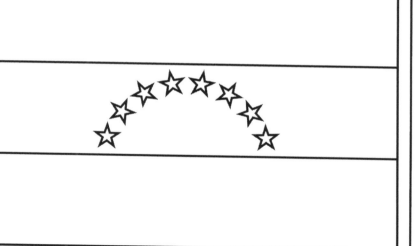

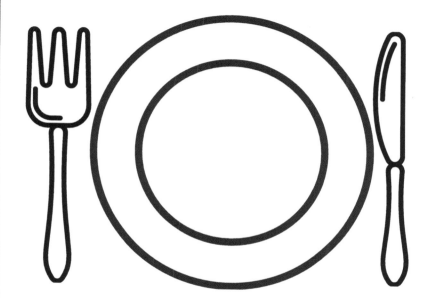

LA COMIDA

UNA PERSONA FAMOSA

ANSWER KEYS

ARGENTINA

Lee las lecturas. Usa la información para completar las actividades.

1. ¿Cómo se llama la capital de Argentina? <u>Buenos Aires.</u>

2. ¿Cuál es el idioma oficial de Argentina? <u>El español.</u>

3. ¿Qué tipo de gobierno tiene Argentina? <u>Una democracia.</u>

4. ¿De qué color es la bandera de Argentina? Descríbela y colorea la imagen. <u>Tiene tres bandas horizontales: azul, blanca, y azul. Hay un sol en el centro de la bandera.</u>

5. ¿Por quién fue nombrado el Glaciar Perito Moreno? <u>Por Francisco Moreno.</u>

6. ¿Dónde está La Boca? <u>Está en Buenos Aires, la capital</u>

7. ¿Qué es el tango? <u>Es un género de música y un baile con una orquesta y dos bailarines.</u>

8. ¿A quiénes son similares los gauchos? <u>A los vaqueros.</u>

9. Argentina tiene mucha comida deliciosa. Describe una comida y dibújala en el plato. <u>ANSWERS WILL VARY.</u>

10. Muchas personas famosas son de Argentina. Describe uno de sus logros y dibújalo. <u>ANSWERS WILL VARY.</u>

LA BANDERA

LIGHT BLUE
WHITE
LIGHT BLUE

THE SUN IN THE MIDDLE IS YELLOW.

LA COMIDA

UNA PERSONA FAMOSA

ANSWERS WILL VARY

CHILE

Lee las lecturas. Usa la información para completar las actividades.

1. ¿Cómo se llama la capital de Chile? Santiago.
2. ¿Cuál es el idioma oficial de Chile? El español.
3. ¿Qué tipo de gobierno hay en Chile? Chile es una república democrática.
4. ¿De qué color es la bandera de Chile? Descríbela y colorea la imagen. Una franja roja horizontal, un cuadro azul a la izquierda con una estrella blanca adentro, una franja blanca a la derecha.
5. ¿Quiénes construyeron los monumentos moai hace miles de años? La gente Rapa Nui.
6. ¿Qué dos océanos se juntan en el Cabo de Hornos? El Atlántico y el Pacífico.
7. Chile tiene mucha comida deliciosa. Describe una comida y dibújala en el plato. ANSWERS WILL VARY.
8. ¿Quién fue un poeta famoso chileno? Pablo Neruda.
9. ¿Cuál es el baile nacional de Chile? La cueca.
10. Muchas personas famosas son de Chile. Describe uno de sus logros y dibújalo. ANSWERS WILL VARY.

LA BANDERA   **LA COMIDA**   **UNA PERSONA FAMOSA**

BLUE ☆	WHITE
	RED

ANSWERS WILL VARY

THE STAR IS WHITE

BOLIVIA

Lee las lecturas. Usa la información para completar las actividades.

1. ¿Cómo se llaman las capitales de Bolivia? La Paz y Sucre.
2. ¿Cuáles son los idiomas oficiales de Bolivia? Hay 37 idiomas oficiales, incluyendo el español y el quechua.
3. ¿Qué tipo de gobierno tiene Bolivia? Bolivia es una república democrática.
4. ¿De qué color es la bandera de Bolivia? Descríbela y colorea la imagen. Rojo, amarillo, verde, el emblema en el centro.
5. ¿Qué tipo de animal es común en la Laguna Colorada? Los flamencos de James.
6. ¿Qué es Tiwanaku? Un sitio arqueológico de una ciudad antigua.
7. Bolivia tiene mucha comida deliciosa. Describe una y dibújala en el plato. ANSWERS WILL VARY.
8. ¿Qué llevan las cholitas generalmente? Una falda o vestido tradicional con muchos colores brillantes.
9. ¿Cuántos idiomas hablan? Tienen 37 idiomas oficiales.
10. Hay mucha gente famosa de Bolivia. Describe una persona y sus logros y dibújalos en la caja. ANSWERS WILL VARY.

LA BANDERA   **LA COMIDA**   **UNA PERSONA FAMOSA**

RED
YELLOW
GREEN

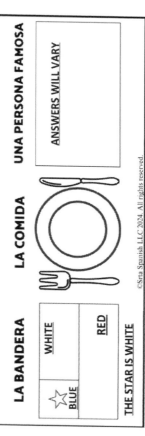

ANSWERS WILL VARY

COSTA RICA

Lee las lecturas. Usa la información para completar las actividades.

1. ¿Cómo se llama la capital de Costa Rica? San José.
2. ¿Cuál es el idioma oficial de Costa Rica? El español.
3. ¿Qué tipo de gobierno hay en Costa Rica? Costa Rica es una democracia.
4. ¿De qué color es la bandera de Costa Rica? Descríbela y colorea la imagen. 5 franjas: azul, blanca, roja, blanca y azul. El emblema está en un óvalo en la parte roja.
5. ¿Cuándo fue la última gran erupción volcánica en el Parque Nacional Volcán Poás? 1954.
6. ¿Qué tres cosas que se pueden ver en el Parque Nacional Manuel Antonio? Answers will vary and may include: pájaros, mariposas, monos aulladores, monos ardilla, monos capuchinos, pizotes y perezosos.
7. Costa Rica tiene mucha comida deliciosa. Describe una comida y dibújala en el plato. ANSWERS WILL VARY.
8. ¿Cuántos tipos de monos hay en Costa Rica? Cuatro.
9. ¿Qué significa "gallo pinto" en inglés? Spotted rooster.
10. Muchas personas famosas son de Costa Rica. Describe uno de sus logros y dibújalo. ANSWERS WILL VARY.

LA BANDERA

BLUE
WHITE
RED
WHITE
BLUE

LA COMIDA

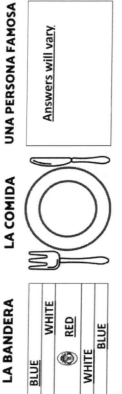

UNA PERSONA FAMOSA

Answers will vary.

COLOMBIA

Lee las lecturas. Usa la información para completar las actividades.

1. ¿Cómo se llama la capital de Colombia? Bogotá.
2. ¿Cuál es el idioma oficial de Colombia? El español y el inglés.
3. ¿Qué tipo de gobierno hay en Colombia? Republicano democrático.
4. ¿De qué color es la bandera de Colombia? Descríbela y colorea la imagen. Tres bandas horizontales de color amarillo, azul y rojo.
5. ¿Dónde está la Catedral de Sal? En una mina de sal subterránea.
6. ¿Qué hay en la Ciudad Perdida? Hay 169 terrazas excavadas en una montaña.
7. Colombia tiene mucha comida deliciosa. Describe una comida y dibújala en el plato, abajo. ANSWERS WILL VARY.
8. ¿Qué significa "bandeja" en inglés? Platter.
9. ¿Cuál es el baile nacional de Colombia? La cumbia.
10. Muchas personas famosas son de Colombia. Describe uno de sus logros y dibújalo abajo. ANSWERS WILL VARY.

LA BANDERA

YELLOW
BLUE
RED

LA COMIDA

UNA PERSONA FAMOSA

Answers will vary.

ECUADOR

Lee las lecturas. Usa la información para completar las actividades.

1. ¿Cómo se llama la capital de Ecuador? Quito.

2. ¿Qué idiomas se hablan en Ecuador? El español y 13 idiomas indígenas.

3. ¿Qué tipo de gobierno hay en Ecuador? Ecuador es una república democrática.

4. ¿De qué color es la bandera de Ecuador? Descríbela y colorea la imagen. Tiene tres bandas de colores amarillo, azul y rojo.

5. ¿Cómo se llama el lugar con un monumento famoso donde puedes estar en los dos hemisferios a la vez? La Mitad del Mundo.

6. ¿Por qué son distintos los animales en las Islas Galápagos? Porque los animales que viven en las Islas Galápagos no existen en ningún otro lugar del mundo.

7. ¿Qué es el Cotopaxi? Es un volcán activo y uno de los más grandes del mundo.

8. ¿Puedes describir un animal de Ecuador? ANSWERS WILL VARY.

9. Ecuador tiene mucha comida deliciosa. Describe una comida y dibújala en el plato. ANSWERS WILL VARY.

10. Muchas personas famosas son de Ecuador. Describe uno de sus logros y dibújalo. ANSWERS WILL VARY.

LA BANDERA

BLUE	
	YELLOW
	RED

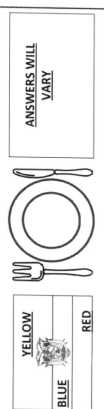

LA COMIDA

UNA PERSONA FAMOSA

ANSWERS WILL VARY

CUBA

Lee las lecturas. Usa la información para completar las actividades.

1. ¿Cómo se llama la capital de Cuba? La Habana.

2. ¿Cuál es el idioma oficial de Cuba? El español.

3. ¿Qué tipo de gobierno hay en Cuba? Socialista - comunista.

4. ¿De qué color es la bandera de Cuba? Descríbela y colorea la imagen. Hay un triángulo rojo a la izquierda, con una estrella blanca en el centro. Hay cinco bandas horizontales, alternando en azul y blanco.

5. ¿Por qué es especial el Valle de Viñales? Porque hay muchos acantilados de piedra caliza únicos que se llaman mogotes.

6. ¿Por qué es conocida La Habana Vieja? Por sus edificios brillantes y coloridos.

7. Cuba tiene mucha comida deliciosa. Describe una comida y dibújala en el plato. ANSWERS WILL VARY.

8. ¿Cuál es el plato nacional de Cuba? La ropa vieja.

9. ¿Cuál es el baile nacional de Cuba? La rumba.

10. Muchas personas famosas son de Cuba. Describe uno de sus logros y dibújalo. ANSWERS WILL VARY.

LA BANDERA

RED	BLUE
☆	WHITE
	BLUE
	WHITE
	BLUE

THE STAR IS WHITE

LA COMIDA

UNA PERSONA FAMOSA

Answers will vary.

ESPAÑA

Lee las lecturas. Usa la información para completar las actividades.

1. ¿Cómo se llama la capital de España? San Salvador. Madrid.
2. ¿Cuál es el idioma oficial de España? El español.
3. ¿Qué tipo de gobierno hay en España? España es una monarquía constitucional.
4. ¿De qué color es la bandera de España? Descríbela y colorea la imagen. Tres bandas: roja, amarilla y roja. El escudo está a la izquierda.
5. ¿Cuál es el sitio, Patrimonio Mundial de la UNESCO, con arte prehistórico de hace aproximadamente 36.000 años? La Cueva de Altamira.
6. ¿Quién construyó la Alhambra originalmente? Los líderes moriscos.
7. España tiene mucha comida deliciosa. Describe una comida y dibújala en el plato. ANSWERS WILL VARY.
8. ¿Cuál es considerado el plato nacional de España? La paella.
9. ¿Cómo se llama la sopa fría con una base de tomates? Gazpacho.
10. Muchas personas famosas son de España. Describe uno de sus logros y dibújalo. ANSWERS WILL VARY.

LA BANDERA

RED
YELLOW
RED

LA COMIDA

UNA PERSONA FAMOSA

ANSWERS WILL VARY

EL SALVADOR

Lee las lecturas. Usa la información para completar las actividades.

1. ¿Cómo se llama la capital de El Salvador? San Salvador.
2. ¿Cuál es el idioma oficial de El Salvador? El español.
3. ¿Qué tipo de gobierno tiene El Salvador? El Salvador es una república democrática.
4. ¿De qué color es la bandera de El Salvador? Descríbela y colorea la imagen. Tres franjas horizontales: azul, blanco y azul, con el emblema en el centro de la franja blanca.
5. ¿Cómo se llama el volcán más alto de El Salvador? El Volcán de Santa Ana.
6. ¿Cómo se llama la Joya de Cerén a veces? La Pompeya de las Américas.
7. El Salvador tiene mucha comida deliciosa. Describe una comida y dibújala en el plato, abajo. ANSWERS WILL VARY.
8. ¿Por cuántos años se han hecho pupusas? Por miles de años.
9. ¿Cuál es el instrumento principal en la música chanchona? El contrabajo.
10. Muchas personas famosas son de El Salvador. Describe uno de sus logros y dibújalo abajo. ANSWERS WILL VARY.

LA BANDERA

BLUE
WHITE
BLUE

LA COMIDA

UNA PERSONA FAMOSA

ANSWERS WILL VARY

GUATEMALA

Lee las lecturas. Usa la información para completar las actividades.

1. ¿Cómo se llama la capital de Guatemala? Ciudad de Guatemala.

2. ¿Cuál es el idioma oficial de Guatemala? El español.

3. ¿Qué tipo de gobierno tiene Guatemala? Guatemala es una república democrática.

4. ¿De qué color es la bandera de Guatemala? Descríbela y colorea la imagen. Tiene 3 bandas verticales: azul, blanca y azul. El emblema está en el centro.

5. ¿Cómo se llama la antigua ciudad sagrada de los mayas? Tikal.

6. ¿Cuándo puede nadar la gente en el Lago de Atitlán? Todo el año.

7. Guatemala tiene mucha comida deliciosa. Describe una comida y dibújala en el plato. ANSWERS WILL VARY.

8. ¿Cómo se llama un postre relleno con frijoles refritos? Rellenitos:

9. ¿Para quiénes era sagrado el quetzal? Para los aztecas y los mayas:

10. Muchas personas famosas son de Guatemala. Describe uno de sus logros y dibújalo. ANSWERS WILL VARY.

LA BANDERA

BLUE	WHITE	BLUE

LA COMIDA

UNA PERSONA FAMOSA

ANSWERS WILL VARY

GUINEA ECUATORIAL

Lee las lecturas. Usa la información para completar las actividades.

1. ¿Cuál es la capital de Guinea Ecuatorial? Malabo.

2. ¿Cuáles son los idiomas oficiales de Guinea Ecuatorial? El español y el francés.

3. ¿Qué tipo de gobierno tiene Guinea Ecuatorial? Guinea Ecuatorial es una república presidencialista.

4. ¿De qué color es la bandera de Guinea Ecuatorial? Descríbela y colorea la imagen. Tiene bandas de verde, blanco y rojo. Hay un triángulo azul a la izquierda.

5. ¿Qué les gusta ver a los turistas entre los picos de las montañas en Moka? Las nubes.

6. ¿Por qué es especial la Catedral de Malabo? Es la iglesia católica romana más grande de Guinea Ecuatorial.

7. ¿Cuál es el plato nacional de Guinea Ecuatorial? El succotash.

8. ¿Quién es el presidente de Guinea Ecuatorial? Teodoro Obiang Nguema Mbasogo.

9. Guinea Ecuatorial tiene mucha comida deliciosa. Describe una comida y dibújala en el plato. ANSWERS WILL VARY.

10. Muchas personas famosas son de Guinea Ecuatorial. Describe uno de sus logros y dibújalo. ANSWERS WILL VARY.

LA BANDERA

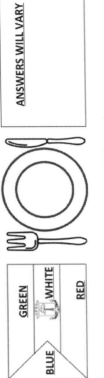

BLUE	GREEN
	WHITE
	RED

LA COMIDA

UNA PERSONA FAMOSA

ANSWERS WILL VARY

MÉXICO

Lee las lecturas. Usa la información para completar las actividades.

1. ¿Cómo se llama la capital de México? <u>Ciudad de México.</u>

2. ¿Cuánto duró Tulum después de la llegada de los españoles? <u>Aproximadamente 70 años.</u>

3. ¿Cuál es el idioma oficial de México? <u>No hay un idioma oficial, pero se habla español y varios idiomas indígenas.</u>

4. ¿Qué tipo de gobierno hay en México? <u>En México hay tres poderes, similar a los Estados Unidos.</u>

5. ¿De qué color es la bandera de México? Descríbela y colorea la imagen. <u>Tres franjas: verde, blanca y roja. El escudo está en la franja blanca.</u>

6. ¿Cómo se formó el Arco de Cabo San Lucas? <u>Por la erosión durante cientos de miles de años.</u>

7. México tiene mucha comida deliciosa. Describe una comida y dibújala en el plato. <u>ANSWERS WILL VARY.</u>

8. ¿Cuáles son los instrumentos más comunes en la música mariachi? <u>Violines, trompetas y guitarras.</u>

9. ¿Cuántas personas cantan una canción ranchera generalmente? <u>Una o dos.</u>

10. Muchas personas famosas son de México. Describe uno de sus logros y dibújalo. <u>ANSWERS WILL VARY.</u>

LA BANDERA	LA COMIDA	UNA PERSONA FAMOSA
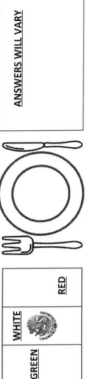 GREEN / WHITE / RED		ANSWERS WILL VARY

HONDURAS

Lee las lecturas. Usa la información para completar las actividades.

1. ¿Cómo se llama la capital de Honduras? <u>Tegucigalpa.</u>

2. ¿Cuál es el idioma oficial de Honduras? <u>El español.</u>

3. ¿Qué tipo de gobierno tiene Honduras? <u>Honduras es una república democrática.</u>

4. ¿De qué color es la bandera de Honduras? Descríbela y colorea la imagen. <u>Tres bandas horizontales: azul, blanca y azul. Hay cinco estrellas azules en el medio de la banda blanca.</u>

5. ¿Qué ruinas mayas en Honduras fueron declaradas Patrimonio de la Humanidad por la UNESCO? <u>Copán.</u>

6. ¿Cuál es el ave nacional de Honduras? <u>La guara.</u>

7. Honduras tiene mucha comida deliciosa. Describe una comida y dibújala en el plato. <u>ANSWERS WILL VARY.</u>

8. ¿Cuáles son los dos ingredientes principales dentro de la tortilla de harina de las baleadas? <u>Frijoles refritos y queso.</u>

9. ¿Quién es un famoso futbolista hondureño? <u>Wilson Palacios.</u>

10. Muchas personas famosas son de Honduras. Describe uno de sus logros y dibújalo. <u>ANSWERS WILL VARY.</u>

LA BANDERA	LA COMIDA	UNA PERSONA FAMOSA
BLUE / WHITE ☆☆ ☆☆ / BLUE		ANSWERS WILL VARY

<u>THE STARS ARE BLUE.</u>

NICARAGUA
•-•-•-•-•-•

Lee las lecturas. Usa la información para completar las actividades.

1. ¿Cómo se llama la capital de Nicaragua? Managua.

2. ¿Cuál es el idioma oficial de Nicaragua? El español.

3. ¿Qué tipo de gobierno tiene Nicaragua? Nicaragua es una democracia constitucional.

4. ¿De qué color es la bandera de Nicaragua? Descríbela y colorea la imagen. Tiene bandas horizontales: azul, blanca y azul. El emblema en el centro tiene un triángulo con un arcoíris y 5 volcanes.

5. ¿Cuál es el lago más grande de América Central? El Lago de Nicaragua.

6. ¿Por qué es conocido Momotombo? Por su simetría.

7. Nicaragua tiene mucha comida deliciosa. Describe una comida y dibújala en el plato. ANSWERS WILL VARY.

8. ¿Quién es conocido como el padre del modernismo? Rubén Darío.

9. ¿Qué animal es considerado el rey de la selva nicaragüense? El jaguar.

10. Muchas personas famosas son de Nicaragua. Describe uno de sus logros y dibújalo. ANSWERS WILL VARY.

LA BANDERA

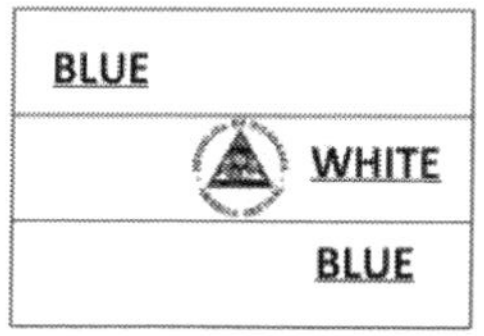

BLUE
WHITE
BLUE

LA COMIDA

UNA PERSONA FAMOSA

ANSWERS WILL VARY

PANAMÁ
•-•-•-•-•-•

Lee las lecturas. Usa la información para completar las actividades.

1. ¿Cómo se llama la capital de Panamá? Ciudad de Panamá.

2. ¿Cuál es el idioma oficial de Panamá? El español.

3. ¿Qué tipo de gobierno tiene Panamá? Panamá es una democracia representativa.

4. ¿De qué color es la bandera de Panamá? Descríbela y colorea la imagen. Hay cuatro cuadros: arriba a la izquierda y abajo a la derecha son blancos con una estrella azul y una estrella roja en cada uno respectivamente. La parte superior derecha es un cuadrante rojo y la parte inferior izquierda es azul.

5. ¿Qué vía fluvial conecta el océano Atlántico con el Pacífico? El Canal de Panamá.

6. ¿Cuál es el animal nacional de Panamá? La rana dorada.

7. Panamá tiene mucha comida deliciosa. Describe una comida y dibújala en el plato. ANSWERS WILL VARY.

8. ¿Qué plato se puede comer como desayuno, almuerzo o cena? El sancocho.

9. ¿La foto de qué panameña aparece en un sello postal? Gwen Ifill.

10. Muchas personas famosas son de Panamá. Describe uno de sus logros y dibújalo. ANSWERS WILL VARY.

LA BANDERA

☆ WHITE	RED
BLUE	☆ WHITE

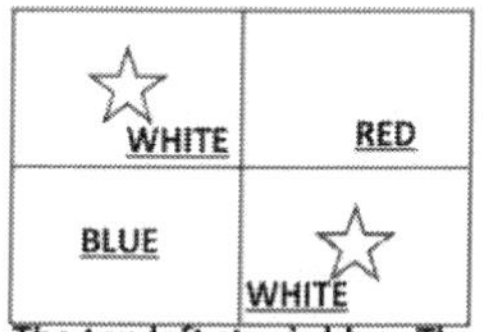

The top left star is blue. The bottom right star is red.

LA COMIDA

UNA PERSONA FAMOSA

ANSWERS WILL VARY

PARAGUAY
•◦•◦•◦•

Lee las lecturas. Usa la información para completar las actividades.

1. ¿Cómo se llama la capital de Paraguay? <u>Asunción.</u>
2. ¿Cuáles son los idiomas oficiales de Paraguay? <u>El español y el guaraní</u>
3. ¿Qué tipo de gobierno tiene Paraguay? <u>Paraguay es una república democrática.</u>
4. ¿De qué color es la bandera de Paraguay? Descríbela y colorea la imagen. <u>Franjas horizontales (roja, blanca y azul) con un emblema circular en el centro.</u>
5. ¿Cuántas cascadas hay en las Cataratas del Iguazú? <u>Aproximadamente 275.</u>
6. ¿A qué es similar la sopa paraguaya? <u>Al pan de maíz</u>
7. Paraguay tiene mucha comida deliciosa. Describe una comida y dibújala en el plato. <u>ANSWERS WILL VARY.</u>
8. ¿Quién estuvo exiliado por escribir sobre los dictadores? <u>Augusto Roa Bastos.</u>
9. ¿Cuál es el instrumento nacional de Paraguay? <u>El arpa.</u>
10. Muchas personas famosas son de Paraguay. Describe uno de sus logros y dibújalo. <u>ANSWERS WILL VARY.</u>

LA BANDERA

RED	
WHITE	●
BLUE	

LA COMIDA

UNA PERSONA FAMOSA

ANSWERS WILL VARY

PERÚ
•◦•◦•◦•

Lee las lecturas. Usa la información para completar las actividades.

1. ¿Cómo se llama la capital de Perú? <u>Lima.</u>
2. ¿Cuál es el idioma oficial en Perú? <u>El español.</u>
3. ¿Qué tipo de gobierno hay en Perú? <u>Perú es una república democrática.</u>
4. ¿De qué color es la bandera de Perú? Descríbela y colorea la imagen. <u>Tiene tres bandas verticales: roja, blanca y roja. El escudo está en el centro.</u>
5. ¿Cuál es el lago más grande de América del Sur? <u>El Lago Titicaca.</u>
6. ¿Cuál es el sitio que fue obra de un emperador inca? <u>Machu Picchu.</u>
7. ¿Qué animal fue declarado en peligro de extinción? <u>La vicuña.</u>
8. ¿Cuál es el baile nacional de Perú? Descríbelo. <u>La marinera es un baile en pareja, con el propósito de cortejo.</u>
9. Perú tiene mucha comida deliciosa. Describe una comida y dibújala en el plato. <u>ANSWERS WILL VARY.</u>
10. Muchas personas famosas son de Perú. Describe uno de sus logros y dibújalo. <u>ANSWERS WILL VARY.</u>

LA BANDERA

RED	WHITE	RED
	🛡️	

LA COMIDA

UNA PERSONA FAMOSA

ANSWERS WILL VARY

LA REPÚBLICA DOMINICANA

Lee las lecturas. Usa la información para completar las actividades.

1. ¿Cómo se llama la capital de la República Dominicana? <u>Santo Domingo.</u>

2. ¿Cuál es el idioma oficial de la República Dominicana? <u>El español.</u>

3. ¿Qué tipo de gobierno tiene la República Dominicana? La República Dominicana es una república democrática.

4. ¿De qué color es la bandera de la República Dominicana? Descríbela y colorea la imagen. Tiene dos cuadrados azules y dos cuadrados rojos con una cruz blanca. El emblema está en el medio.

5. ¿Cuáles son los tres tipos de lagos que hay en Los Tres Ojos? <u>Lagos de agua dulce, salada y sulfurosa.</u>

6. ¿Qué hay en la costa del Parque Nacional Los Haitises? <u>Un bosque de manglares.</u>

7. La República Dominicana tiene mucha comida deliciosa. Describe una comida y dibújala en el plato, abajo. <u>ANSWERS WILL VARY.</u>

8. ¿Qué dominicano conectó un número récord de jonrones? <u>Sammy Sosa.</u>

9. ¿Qué tipo de baile es el merengue? <u>Un baile rápido.</u>

10. Muchas personas famosas son de la República Dominicana. Describe uno de sus logros y dibújalo abajo. <u>ANSWERS WILL VARY.</u>

LA BANDERA

BLUE		RED
	WHITE	
	RED	BLUE

LA COMIDA

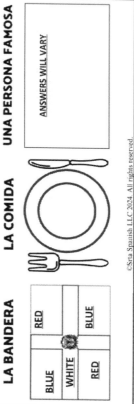

UNA PERSONA FAMOSA

ANSWERS WILL VARY

PUERTO RICO

Lee las lecturas. Usa la información para completar las actividades.

1. ¿Cuál es la capital de Puerto Rico? <u>San Juan.</u>

2. ¿Cuáles son los idiomas oficiales de Puerto Rico? <u>El español y el inglés.</u>

3. ¿Qué tipo de gobierno tiene Puerto Rico? Puerto Rico es una <u>república democrática bajo la jurisdicción de los Estados Unidos.</u>

4. ¿De qué color es la bandera de Puerto Rico? Descríbela y colorea la imagen. Tiene franjas blancas y rojas. Tiene un triángulo azul a <u>la izquierda, con una estrella blanca.</u>

5. ¿Cómo se llama el bosque tropical? ¿Cuántos tipos de árboles hay en el bosque tropical? <u>El Yunque. Tiene más de 240 tipos de árboles.</u>

6. ¿Por qué fue construido el Castillo San Felipe del Morro? <u>Para proteger el puerto de San Juan.</u>

7. ¿Qué son los tostones? <u>Son plátanos verdes fritos.</u>

8. ¿Qué animal es un símbolo nacional de Puerto Rico? <u>El coquí.</u>

9. Puerto Rico tiene mucha comida deliciosa. Describe una comida y dibújala en el plato. <u>ANSWERS WILL VARY.</u>

10. Muchas personas famosas son de Puerto Rico. Describe uno de sus logros y dibújalo. <u>ANSWERS WILL VARY.</u>

LA BANDERA

	RED
WHITE	RED
	WHITE
BLUE	RED

THE STAR IS WHITE

LA COMIDA

UNA PERSONA FAMOSA

ANSWERS WILL VARY

URUGUAY

Lee las lecturas. Usa la información para completar las actividades.

1. ¿Cómo se llama la capital de Uruguay? Montevideo.
2. ¿Cuál es el idioma oficial de Uruguay? El español.
3. ¿Qué tipo de gobierno tiene Uruguay? Uruguay es una república democrática.
4. ¿De qué color es la bandera de Uruguay? Descríbela y colorea la imagen. Tiene franjas horizontales azules y blancas. La parte superior izquierda tiene un sol amarillo.
5. ¿Por qué es conocida Colonia del Sacramento? Por las calles de adoquines y los edificios portugueses.
6. ¿En qué ciudad está La Mano? En Punta del Este.
7. Uruguay tiene mucha comida deliciosa. Describe una comida y dibújala en el plato. ANSWERS WILL VARY.
8. ¿Por qué se usa la planta de la yerba mate para bebidas energizantes? Porque tiene mucha cafeína.
9. ¿Cuáles son los instrumentos que se tocan en el candombe? Tres tambores de madera.
10. Muchas personas famosas son de Uruguay. Describe uno de sus logros y dibújalo. ANSWERS WILL VARY.

LA BANDERA

WHITE	BLUE
WHITE	
WHITE	BLUE
WHITE	BLUE
WHITE	BLUE

THE SUN IS YELLOW

LA COMIDA

UNA PERSONA FAMOSA

ANSWERS WILL VARY

VENEZUELA

Lee las lecturas. Usa la información para completar las actividades.

1. ¿Cómo se llama la capital de Venezuela? Caracas.
2. ¿Cuál es el idioma oficial de Venezuela? El español.
3. ¿Qué tipo de gobierno tiene Venezuela? Venezuela es una república federal presidencialista.
4. ¿De qué color es la bandera de Venezuela? Descríbela y colorea la imagen. Franjas horizontales de amarillo, azul y rojo. Hay 8 estrellas blancas en el centro, en forma de semicírculo.
5. ¿Cómo se llama la cascada ininterrumpida más alta del mundo? Salto Ángel.
6. ¿De quién es una tumba que se encuentra en el Panteón Nacional de Venezuela? De Simón Bolívar.
7. Venezuela tiene mucha comida deliciosa. Describe una comida y dibújala en el plato. ANSWERS WILL VARY.
8. ¿Cuáles son los ingredientes de los tequeños? Queso blanco y hojaldre.
9. ¿Cuáles son los tres instrumentos principales que se tocan en la música joropo? La mandolina, las maracas y una guitarra especial de cuatro cuerdas.
10. Muchas personas famosas son de Venezuela. Describe uno de sus logros y dibújalo. ANSWERS WILL VARY.

LA BANDERA

| YELLOW |
| BLUE |
| RED |

THE STARS ARE WHITE.

LA COMIDA

UNA PERSONA FAMOSA

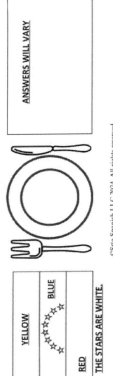

ANSWERS WILL VARY

srtaspanish.com

Want a FREE virtual field trip you can use today?

Made in United States
Troutdale, OR
06/23/2024

20759200R00058